URS MOSER UND SARAH TRESCH
AVENIR SUISSE (HRSG.)

BEST PRACTICE IN DER SCHULE

*VON ERFOLGREICHEN LEHRE-
RINNEN UND LEHRERN LERNEN*

LEHRMITTELVERLAG
DES KANTONS AARGAU

Gestaltung und Satz: Yves Winistoerfer, Susanne Gmür; Avenir Suisse, Zürich
Fotografie: Maurice Haas, Zürich
Druck: Druckerei Robert Hürlimann AG, Zürich

© 2003 Lehrmittelverlag des Kantons Aargau, CH-Buchs AG
2. Auflage 2005
Alle Rechte vorbehalten
Printed in Switzerland
Bestell-Nummer: 12380
ISBN: 3-906738-49-3
www.lmvag.ch
www.avenir-suisse.ch

INHALT

Vorwort	7
01 Von PISA zu Best Practice	**9**
Schlechte Noten im internationalen Vergleich	9
Angesagt sind: Rasch wirksame Massnahmen	11
Notwendig ist: Transparenz der Bildungsqualität	12
Gefragt ist: Reflexion über Unterrichtserfolg	14
Best Practice, best what?	15
02 Fünf Schritte zur Verbesserung der Unterrichtsqualität	**19**
Bestimmen von Benchmarks	19
Beurteilen von Leistungen	21
Analyse erfolgreichen Unterrichts	24
Diskutieren von Verbesserungen	26
Umsetzen konkreter Massnahmen	27
03 Best Practice in der Praxis	**29**
Im Vergleichstest: 61 Lehrpersonen und ihre Klassen	29
Mathematik und Deutsch: Wie gut sind Drittklässler?	32
Leistungsunterschiede: Zwischen Schülerinnen und Schülern	33

Leistungsunterschiede: Zwischen den Klassen 35
Lernvoraussetzungen: Intelligenz, Sprache und Herkunft 38
Lernvoraussetzungen: Berücksichtigt und neutralisiert 44
Im Best-Practice-Finale: 15 ausgewählte Lehrpersonen 48

---

04 Analyse erfolgreichen Unterrichts 53
Erfolgserlebnisse, Enttäuschungen 53
Erfolg oder Misserfolg: Auf der Suche nach Ursachen 56
Zu Best Practice: Mit der Delphi-Methode 61
Erkenntnisse, Einsichten 67

---

05 Best Practice: Der Weg zum Unterrichtserfolg 71
Unterrichtsmethoden (1): *Erfolgreicher mit verschiedenen Lehr-Lern-Formen* 71
Handelndes Lernen (2): *Erfolgreicher mit dem Ansprechen mehrerer Sinne* 75
Kooperatives Lernen (3): *Erfolgreicher mit dem gemeinsamen Thematisieren von Lösungswegen* 79
Selbstständiges Lernen (4): *Erfolgreicher mit dem Übernehmen von Verantwortung* 82
Lernstrategien (5): *Erfolgreicher mit dem systematischen Angehen von Aufgaben* 86
Üben und Wiederholen (6): *Erfolgreicher mit kurzen, spielerischen Sequenzen* 91
Lernziele überprüfen (7): *Erfolgreicher mit möglichst grosser Transparenz* 94
Individualisieren (8): *Erfolgreicher mit dem Anpassen des Unterrichts an den Leistungsstand und die Bedürfnisse* 99
Unterrichtssprache (9): *Erfolgreicher mit dem konsequenten Gebrauch von Hochdeutsch* 103

Disziplin (10): *Erfolgreicher mit dem Aufstellen weniger, aber klarer Regeln*	108

06 Best Practice: Optimaler Umgang mit Rahmenbedingungen — 113
Zusammensetzung der Klasse (11) — 113
Zusammenarbeit in der Schule (12) — 117
Zusammenarbeit mit den Eltern (13) — 121
Die Wahl der Lehrmittel (14) — 125

07 Best Practice: Bilanz — 129
Erfahrungen und Erkenntnisse erfolgreicher Lehrpersonen — 129
Erfolgreicher Unterricht nach Rezept? — 135
Die gute Lehrerin, der gute Lehrer — 137
Fazit: Recht auf Bildung, Recht auf Qualität — 139

Best-Practice-Lehrerinnen und -Lehrer — 143
Zu diesem Buch — 145

VORWORT

Wenn die schweizerische HOLCIM-Gruppe irgendwo auf der Welt ein neues Zementwerk baut, orientiert sie sich an Best Practice. Beim Bau des deutschen Werks LÄGERDORF konnten dadurch rund dreissig Millionen Schweizer Franken oder mehr als zwanzig Prozent der ursprünglich geplanten Investitionssumme eingespart werden. Zudem wurde die Bauzeit der Produktionsanlage um knapp drei Monate verkürzt. Vorbild oder Best Practice war das eben erst realisierte Fabrikationskonzept im mexikanischen Werk RAMOS ARISPE. Durch einen Besuch der deutschen Planungsgruppe vor Ort entstand ein hohes Vertrauen in die Umsetzbarkeit des mexikanischen Konzepts. Zudem wurden wichtige Hinweise zur Vermeidung von Fehlern gewonnen.

Im Schulunterricht stehen Kinder und Jugendliche, nicht Kosten im Mittelpunkt. Fehler werden hingegen auch in der Erziehung und im Unterricht begangen. Ebenso können im Bildungswesen höhere Leistungen angestrebt werden. Und es kann aus Fehlern und Erfolgen von anderen gelernt werden. Zum ersten Mal wird in der vorliegenden Studie der Best-Practice-Ansatz in der Schule angewendet. Die Ergebnisse sind deutlich: Sie zeigen auf, dass einzelne Lehrerinnen und Lehrer mit ihren Klassen wesentlich bessere

Leistungen erbringen als andere. Das gilt auch dann, wenn die Einflüsse von Intelligenz, sozialer und kultureller Herkunft der Kinder neutralisiert werden.

Dieses Buch macht Aussagen über Best Practice im Unterricht. Erfolgreiche Lehrerinnen und Lehrer aus der Praxis schildern ihr erprobtes Handeln für Kolleginnen und Kollegen in der Praxis. Dem Experten-Wissen der Lehrpersonen wird von den beigezogenen Unterrichtswissenschaftlern eine hohe Relevanz attestiert. Selbstverständlich gibt es nicht nur ein «bestes» Wissen. Es gibt verschiedene Wege zum Unterrichtserfolg; sie werden in der vorliegenden Studie beschrieben. Damit ist die Hoffnung verbunden, dass andere davon lernen und profitieren.

Mit «Best Practice in der Schule» werden Erkenntnisse von erfolgreichen Lehrpersonen gewonnen. Dieses Wissen stellt ein in der Schule vorhandenes Innovationspotenzial dar. Bisher wurde es kaum genutzt. Wenn es der Schulpraxis gelingt, kontinuierlich die Wirkung des eigenen Unterrichtshandelns zu messen, mit anderen zu vergleichen, über das Ergebnis zu reflektieren und Handlungskonsequenzen daraus zu ziehen, dann stellt dies einen der grössten Reformerfolge der Schulgeschichte dar. Ein solcher Erfolg ist allen Lehrenden und Lernenden zu wünschen, damit in Zukunft in der Schweiz nicht nur das Recht auf (mehr oder weniger gute) Bildung, sondern das Recht auf erfolgreiche Bildung garantiert werden kann.

Christian Aeberli, AVENIR SUISSE, Zürich

Unterrichtsmethoden (1) [→ Seite 71]

«*Der Wechsel zwischen verschiedenen Unterrichtsformen ist entscheidend für einen lebendigen und kindergerechten Unterricht. Neben dem Frontalunterricht haben bei mir offene Formen wie Werkstattunterricht, Wochenplanarbeit, freie Tätigkeit usw. einen grossen Stellenwert. Die Schülerinnen und Schüler können so individuell in ihrem eigenen Tempo und ihrer Leistungsfähigkeit entsprechend arbeiten. Zudem werden Kompetenzen wie Selbstständigkeit, Eigenverantwortung, aber auch Teamfähigkeit gefördert. Ich als Lehrer fungiere dabei als Lernbegleiter und kann mich gezielt den schwächeren Kindern widmen.*»

Andi Honegger, 45 / Schulhaus Bühl, Nesslau, Kanton St. Gallen

01 /
VON PISA ZU BEST PRACTICE

Schlechte Noten im internationalen Vergleich

In den letzten zehn Jahren hat die Diskussion über die Qualität des schweizerischen Bildungssystems in Politik und Öffentlichkeit enorm an Bedeutung gewonnen und mit der Publikation der Ergebnisse von PISA (Programme for International Student Assessment) einen vorläufigen Höhepunkt erreicht. Die Ergebnisse im internationalen PISA-Lesetest waren derart schlecht, dass unsere Schülerinnen und Schüler in der Presse teilweise beleidigend als «doof» oder «Trottel» bezeichnet wurden.

Tatsächlich zeigt die PISA-Rangliste ein entsprechend unverblümtes Bild: Rang 17 im Lesen, Rang 8 in der Mathematik und Rang 18 in den Naturwissenschaften bei einer Beteiligung von 32 Ländern. Ein böses Erwachen für ein Land, in dem die Qualität des Bildungssystems bis vor kurzem eigentlich nie bezweifelt wurde. Der beinahe unumstössliche Mythos, dass die Schweiz weltweit über eines der besten Bildungssysteme verfüge, ist ins Wanken geraten. Lehrerinnen und Lehrer sind verunsichert, Wirtschaft und Politik sind nachhaltig schockiert und sehen in den schlechten Leseleistungen einen weiteren Standortvorteil im internationalen Wettbewerb dahinschwinden, schliesslich ist PISA ein Programm der Organisation für wirtschaftliche Zusammenarbeit und Entwicklung (OECD).

Die Bildungspolitik ist gefordert, Massnahmen zu ergreifen, damit das schlechte Image unseres Bildungssystems möglichst rasch korrigiert wird. Genau darin besteht aber die grosse Herausforderung. Kommunikation und Marketing von PISA sind so geschickt und offensiv, dass in diese Studie immense Hoffnungen gesteckt werden, obschon sie nur bei einem kleinen Teil der Schülerinnen und Schüler, nämlich bei den 15-Jährigen, durchgeführt wird. Aufgrund der grossen Aufmerksamkeit in den Medien ist zudem der Eindruck entstanden, PISA habe nicht nur Missstände im Bildungswesen aufgedeckt, sondern der Politik zugleich noch aufgezeigt, was sie zu tun habe.

Weit gefehlt! PISA ist zwar ein grossartiges internationales Projekt, funktioniert allerdings ähnlich wie ein Thermometer: Es führt zu wichtigen Informationen von allgemeinem Interesse, sagt aber wenig darüber aus, was aufgrund dieser Informationen genau zu tun ist. Sicher besteht kein Zweifel darüber, dass Kinder aus fremden Kulturen und aus sozial einfachen Verhältnissen in Zukunft besser gefördert werden müssten. Doch dies ist nicht erst seit PISA bekannt. Und wieweit ist die Schule alleine für die schlechten Lesekompetenzen der Schweizer Jugendlichen verantwortlich? Bekanntlich wird der Grundstein für einen erfolgreichen Leselernprozess bereits im Vorschulalter gelegt, das in der Schweiz eher spät und spärlich genutzt wird. Anpassungen des Bildungssystems wirken zudem verzögert und werden erst in zehn bis zwanzig Jahren Früchte tragen. So lange kann sich die Schweiz aber kaum Zeit nehmen, um die Leistungsfähigkeit des Bildungssystems auch im internationalen Vergleich unter Beweis zu stellen. Was ist nun zu tun?

Angesagt sind: Rasch wirksame Massnahmen

Weit weniger aufwändig als politisch sanktionierte Anpassungen des Bildungssystems und zudem erst noch ohne Verzögerung wirksam sind Massnahmen, die bereits morgen im Unterricht umgesetzt werden können. Es ist zu hoffen – und das grosse Interesse der Lehrerinnen und Lehrer an PISA legt diese Vermutung nahe –, dass sich bereits seit Bekanntgabe der vergleichsweise schlechten Lesekompetenzen von Schweizer Schülerinnen und Schülern in der Schule einiges geändert hat, dass die Hochsprache im Unterricht konsequenter eingesetzt oder die Freude am Lesen durch besonders attraktive Texte geweckt wird. Massnahmen, die auf das Kerngeschäft der Schule, den Unterricht, zielen, sind besonders erfolgversprechend.

Hoffen und Vermuten genügt in diesem Fall aber genauso wenig wie einfach abzuwarten, bis weitere Runden von PISA noch mehr Klarheit über die Ursachen der schlechten Leistungen bringen. Handeln ist angesagt, und zwar so, dass Schule und Gesellschaft umgehend davon profitieren. Eine zweifellos wichtige und einfache Reaktion auf PISA besteht darin, den Unterricht vermehrt auf seine Wirkung hin zu überprüfen und die Methoden des Lehr-Lern-Prozesses zu reflektieren. Dazu gehört die Reflexion über guten Unterricht genauso wie die regelmässige Teilnahme an internationalen Studien, die einen unabhängigen Blick von aussen auf unsere Schulen werfen. Die Schweiz liegt nämlich nicht nur im internationalen Vergleich der Schulleistungen zurück, sie hat auch einen Nachholbedarf in der Qualitätssicherung durch Evaluation.

Nun hat sich auch in der Schweiz in dieser Hinsicht einiges bewegt, und eine vielfältige Evaluationskultur etabliert sich:
- Neben PISA werden in verschiedenen Kantonen Schulleistungsuntersuchungen zur Überprüfung der Lehrplanziele durchgeführt oder geplant.
- Die Schweizerische Konferenz der kantonalen Erziehungsdirektoren

(EDK) plant die Entwicklung und Festlegung von verbindlich zu erreichenden Kompetenzniveaus in zentralen Bildungsbereichen (Treffpunkte, Standards), die anschliessend mit Leistungsmessungen überprüft werden sollen.[1]
– Verschiedene Kantone der Deutschschweiz stellen den Lehrerinnen und Lehrern mit dem «Klassencockpit» ein Selbstevaluationsinstrument zur Verfügung, mit dem sie den Leistungsstand ihrer Klasse evaluieren und im Vergleich zu anderen Klassen beurteilen können.[2]
– Als Ergänzung zur Evaluation durch Leistungsmessung haben viele Schulen Instrumente zur Selbstevaluation eingeführt, mit denen unterschiedliche Qualitätsmerkmale wie die Atmosphäre an der Schule, die Zusammenarbeit mit den Eltern oder die Zufriedenheit der Schülerinnen und Schüler erfasst und beurteilt werden. Einen Schwerpunkt bildet dabei meistens auch die Reflexion über das eigene Handeln und Vorgehen im Unterricht.

Sämtliche Instrumente dienen der Verbesserung der Bildungsqualität. Die einen haben zum Ziel, die Leistungen der Schülerinnen und Schüler unmittelbar zu steigern. Die andern zielen auf die Verbesserung der Leistungen durch Optimierung der Unterrichts- und Schulqualität.

Notwendig ist: Transparenz der Bildungsqualität

Bildungsqualität, Schulqualität und Unterrichtsqualität sind neue Begriffe für ein altes Phänomen. Die Verbesserung und Kontrolle der Schule ist ein Thema, seit es die öffentliche Schule gibt. Das Neue an der gegenwärtigen Diskussion liegt zum einen darin, dass Qualität als Zauberformel thematisiert wird, obschon zurzeit kein Konsens darüber besteht, was die Qualität

[1] www.edk.ch
[2] www.klassencockpit.ch

01 / VON PISA ZU BEST PRACTICE

einer Schule ausmacht. Zum andern gehen die Meinungen auch darüber auseinander, in welcher Form Bildungseinrichtungen ihre Qualität auszuweisen haben.

Seit der ausserordentlichen Resonanz auf die PISA-Ergebnisse kann allerdings die Volksschule ihre Qualität nicht mehr beurteilen, ohne die Grundbildung in Lesen, Mathematik und Naturwissenschaften als Kriterium einzubeziehen. Der Grundbildung wird in der heutigen Wissensgesellschaft eine Schlüsselrolle zugeschrieben, sowohl für den Einzelnen als auch für das Gemeinwohl und den sozialen Zusammenhalt einer Gesellschaft.[3] Ein hohes Bildungsniveau ist die Grundlage für den wirtschaftlichen Erfolg eines Landes und das Bestehen im Wettbewerb auf innovativen Märkten. Lesekompetenzen beispielsweise hängen positiv mit dem Einkommen und negativ mit der Arbeitslosigkeit zusammen: Je besser eine Person bei gleicher Ausbildung lesen kann, desto mehr verdient sie und desto unwahrscheinlicher ist, dass sie arbeitslos wird.[4] Seit es der OECD gelungen ist, Zusammenhänge zwischen der Bildungsqualität und volkswirtschaftlichen Indikatoren herzustellen, zweifelt kaum mehr jemand am Sinn des internationalen Vergleichs der Schulleistungen und an der notwendigen Transparenz der Bildungsqualität. Die Schweiz muss sich dem internationalen Vergleich der Schulleistungen stellen.

Nun scheint es den Schulen relativ einfach zu fallen, sich als Bestandteil des Schweizer Bildungssystems dem Vergleich auszusetzen. Die Ergebnisse in einem internationalen Vergleich können mit der nötigen Distanz kommentiert, die Ursachen beim Bildungssystem gesucht werden. Das ist allerdings verhängnisvoll. PISA zeigt noch ein ganz anderes Bild: Auch in der Schweiz gibt es Schulen, die mit den besten Schulen in Finnland mithalten können, und andere, die am Ende der internationalen Rangliste anzutreffen sind. Die

---

3   Forum Bildung (2000): *Förderung von Chancengleichheit. Vorläufige Empfehlungen und Expertenbericht.* Bonn.
4   OECD (1995): *Literacy, Economy and Society.* Paris: OECD.

Leistungsunterschiede sind zwischen Schulen und Schulklassen innerhalb der Schweiz weit grösser als zwischen der Schweiz und Finnland. Es ist daher gut zu wissen, dass auch die Lehrerinnen und Lehrer gegenüber einer Standortbestimmung ihrer Klasse nicht abgeneigt sind, wie eine kürzlich durchgeführte Befragung von Lehrpersonen über den Nutzen des Klassencockpits ergeben hat.[5] Die Bereitschaft, mehr über die Auswirkung des täglichen Handelns im Unterricht zu erfahren, ist vorhanden. Bis anhin allerdings meist ohne Verpflichtung zur Steigerung der Qualität in Schule und Unterricht. Ob PISA oder Klassencockpit: Den Schulen und Lehrpersonen steht es völlig frei, ob sie auf nachgewiesen schlechte Leistungen ihrer Schülerinnen und Schüler mit Qualitätsentwicklung reagieren oder die Ergebnisse einfach zur Kenntnis nehmen.

Gefragt ist: Reflexion über Unterrichtserfolg

Bis anhin nutzt kein Evaluationsinstrument für die Qualitätsentwicklung die objektiven Informationen über die Leistungen der Schülerinnen und Schüler und reflektiert gleichzeitig, wie diese Leistungen zustande gekommen sind. Leistungen werden zwar mit Tests gemessen und beurteilt. Im besten Fall führen die Testergebnisse aber zu einer Standortbestimmung für die einzelne Klasse: Sie zeigen den Lehrpersonen und ihren Schülerinnen und Schülern, wie gut die Leistungen im Vergleich zu anderen Klassen sind oder wie gut die Ziele des Lehrplans erreicht werden. Wie die Leistungen zustande gekommen sind und wie der eigene Unterricht zu beurteilen ist, darüber wird hingegen meist losgelöst von den Testergebnissen nachgedacht. Reflexion über Unterricht ist nicht integraler Bestandteil der Evaluation, sondern liegt in der Verantwortung der Lehrerinnen und Lehrer. Bisherige Evaluationen führen deshalb einzig zu Erkenntnissen über die Leistungsunterschiede zwi-

---

5   Landert, Ch. (2002): *Evaluation Klassencockpit*. Zürich: Landert Farago Davatz & Partner.

schen Schulklassen. Wie Lehrerinnen und Lehrer mit Ergebnissen solcher Evaluationen umgehen, ist hingegen unbekannt.

Die Verbindung von messen, beurteilen und reflektieren geschieht zwar bei Evaluationen wie PISA für das Bildungssystem als Ganzes. So analysierten im Rahmen einer internationalen Tagung unter dem Titel «The Best Systems» Politik, Wissenschaft und Praxis die möglichen Ursachen der ausgezeichneten Ergebnisse von Finnland, Australien und Kanada im PISA-Test.[6] Bei der Evaluation von Schulen und Klassen hingegen bleiben mögliche Synergieeffekte, die sich aus der Verbindung von messen, beurteilen und reflektieren ergeben könnten, ungenutzt. Genau diese Lücke wird mit dem Projekt «Best Practice in der Schule – Von Lehrerinnen und Lehrern lernen» geschlossen – mit der Überzeugung, dass Unterrichtsentwicklung dann besonders erfolgreich ist, wenn die Reflexion über Unterrichtserfolg auf Ergebnissen der Schülerinnen und Schüler in Leistungstests beruht.

Best Practice, best what?

Der Best-Practice-Ansatz wird vorwiegend mit der Qualitätsentwicklung von Unternehmen assoziiert. In jüngster Zeit wird er allerdings vermehrt im Gesundheitswesen, im Projektmanagement, in der IT-Entwicklung und bereits erstaunlich häufig im Bildungsbereich eingesetzt.[7] Best Practice bezeichnet einen Ansatz zur Qualitätsentwicklung, bei dem die Reflexion über das Zustandekommen von Leistungen das Kernstück des Evaluationsprozesses bildet. Best Practice hat zum Ziel, erfolgreiche Prozesse zu identifizieren, zu

---

6   Larcher, S. und J. Oelkers (2003): *The Best Systems. Thematischer Bericht der Erhebung PISA 2000.* Neuenburg und Bern: Bundesamt für Statistik und Schweizerische Konferenz der kantonalen Erziehungsdirektoren.
7   Auf dem Schweizer Bildungsserver (www.educa.ch) befindet sich eine Rubrik mit Tipps und Links zu Best Practice.

analysieren und für das eigene Handeln verfügbar zu machen. Best Practice bedeutet, von den erfolgreichen Erfahrungen und Methoden anderer zu lernen, um die eigene Leistung zu steigern.

Nicht, dass die Lehrerinnen und Lehrer bis anhin ihr Know-how gegenseitig ungenügend genutzt hätten. Wer sich zur Lehrperson ausbilden lässt, wird sein eigenes Handeln immer wieder hinterfragen und sich mit den Erfahrungen der Kolleginnen und Kollegen auseinander setzen müssen. In der Regel finden solche Prozesse jedoch losgelöst von den Leistungen der Schülerinnen und Schüler im Unterricht statt – obwohl Lehrpersonen nur dann wirklich erfolgreich sind, wenn es ihnen gelingt, das Leistungspotenzial der Kinder optimal auszuschöpfen. Oder einfach gesagt: Unterrichtspraxis ist dann erfolgreich, wenn die Schülerinnen und Schüler bestmögliche Leistungen zeigen.

Ein Vergleich der Leistungen allerdings löst den erhofften Lernprozess noch nicht aus. Erst durch die Analyse der Ergebnisse und durch die Suche nach den Ursachen für die guten Leistungen kann der Lernprozess stattfinden. Zentrales Element des Best-Practice-Ansatzes ist deshalb die Reflexion über Prozesse, die zu guten Leistungen führen. Für die Lehrerinnen und Lehrer heisst das, ihren Unterricht bewusst und auf der Grundlage von Fakten zu reflektieren und – falls sie zum Schluss kommen, dass der Unterricht anderer besser ist als der eigene – Teile des besseren Unterrichts in das eigene Handeln zu integrieren. Der Best-Practice-Ansatz verfolgt das Ziel, die vorhandenen Ressourcen in Lehrerteams besser zu nutzen und die Orientierung an gutem Unterricht zu fördern.

Im Zusammenhang mit Schule und Unterricht könnte der Begriff Best Practice auch falsch verstanden werden. Der Begriff mag da und dort den Eindruck erwecken, dass es eine richtige Methode gibt, gut zu unterrichten. Die Suche nach dieser besten Methode wäre ein aussichtsloses Unterfangen,

Handelndes Lernen (2) [→ Seite 75]

«Das Rechnen mit Hohlmassen ist ein gutes Beispiel, um handelndes Lernen zu beschreiben: ‹pflotschen› am Brunnen, verschiedene Gefässe füllen, Wasseruhr beobachten, Wassermenge in der Badewanne oder im Schwimmbad schätzen, nachfragen und über die grossen Zahlen staunen.»

Therese Freiermuth, 54 / Neues Obermattschulhaus, Möhlin, Kanton Aargau

denn aus der Forschung der Pädagogischen Psychologie sind unzählige Faktoren und Bedingungen für erfolgreiches Lernen bekannt, die jeweils gleichzeitig wirken beziehungsweise voneinander abhängen. Diese gegenseitige Abhängigkeit von Faktoren und Bedingungen hat denn auch zur Folge, dass einerseits Lehrpersonen auf sehr verschiedene Weise gut oder schlecht unterrichten und andererseits scheinbar gleiche Verhaltensweisen der Lehrpersonen in verschiedenen Bedingungskonstellationen völlig unterschiedliche Wirkungen haben.[8] Die Frage nach der besten Praxis lässt sich also nie allgemein gültig, höchstens spezifisch beantworten.

Die vorliegende Publikation enthält eine Sammlung von professionellem Wissen ausgewählter Lehrpersonen, die sich auf der Grundlage eines Vergleichs von Schulleistungen vertieft mit ihrer erfolgreichen Unterrichtspraxis beschäftigt haben. Und vor allem zeigt sie einen Weg auf, wie Evaluation und Schulentwicklung sinnvoll kombiniert werden. Dieser recht einfache Ansatz der Qualitätsentwicklung darf nicht etwa nur als Reaktion auf die Ergebnisse der Schweiz im PISA-Test gesehen werden, sondern ist letztlich für die professionelle Ausübung des Lehrberufs eine Selbstverständlichkeit. In geleiteten Schulen, die der Entwicklung der Unterrichtsqualität verpflichtet sind, drängt sich die Nutzung sämtlicher Ressourcen des Lehrerteams geradezu auf. Und im Hinblick auf weitere PISA-Runden ist zu hoffen, dass Schulen nicht einfach auf Massnahmen der Bildungspolitik warten, sondern durch eigene Initiativen den Unterricht ständig verbessern.

---

8   Helmke, A. und F.E. Weinert (1997): Bedingungsfaktoren schulischer Leistung. In: F.E. Weinert (Hrsg.): *Psychologie des Unterrichts und der Schule. Enzyklopädie der Psychologie* (Bd. 3, S. 71–176). Göttingen: Hogrefe. [vgl. Seite 130]

BEST PRACTICE IN DER SCHULE

02 /
FÜNF SCHRITTE ZUR VERBESSERUNG DER UNTERRICHTSQUALITÄT

Bestimmen von Benchmarks

Bis vor wenigen Jahren wurden Lehrerinnen und Lehrer mit der Kontrolle und Beurteilung ihrer Arbeit kaum konfrontiert. Der Begriff Qualitätsmanagement fand im pädagogischen Kontext praktisch keine Verwendung, obwohl schulische Leistungen mit Prüfungen immer kontrolliert wurden und es staatliche Schulaufsicht schon lange gab. Es waren vorab erfahrene Lehrpersonen, die als Repräsentanten des staatlichen Gewissens ihre ehemaligen Kolleginnen und Kollegen besuchten und den geregelten Schulbetrieb kontrollierten. Sofern die Ergebnisse des Lehr-Lern-Prozesses bei diesen Besuchen angesprochen wurden, war dies eine interne Angelegenheit, die nicht im geringsten zur Transparenz der Schulqualität genutzt wurde.

Seit Anfang der 1990er Jahre ist es mit dem fast blinden Vertrauen in die Qualität des Bildungssystems vorbei. Falls nicht bereits eingeführt, werden Qualitätssysteme zumindest diskutiert – zeitgleich allerdings mit der verstärkten öffentlichen Wahrnehmung des beschleunigten gesellschaftlichen Wandels, mit der Finanzknappheit der öffentlichen Hand, mit der vermehrten Orientierung von staatlichen Institutionen an marktwirtschaftlichen

Modellen und mit der Tendenz, der einzelnen Schule mehr Autonomie zu gewähren.

Die am weitesten verbreitete Methode zur Bestimmung der Unterrichtsqualität hat sich trotzdem kaum geändert. Früher war es ausschliesslich die Aufgabe des Inspektorats, heute sind es die Schulleitung oder andere Fachpersonen, die den Unterricht in Schulklassen beobachten und meist aufgrund theoretisch fundierter Kriterien beurteilen. Lehrerinnen und Lehrer sind gewohnt, dass sie von Zeit zu Zeit besucht werden und ihr Unterricht von verschiedenen Personen zu unterschiedlichen Zwecken beobachtet und beurteilt wird. Unterrichtsbeobachtungen werden mehr oder weniger ähnlich durchgeführt – im Rahmen der Schulaufsicht, als Bestandteile der Evaluationstätigkeit von Schulen oder der offiziellen Beurteilung von Lehrpersonen, als Beratung durch Fachpersonen, aber auch im Rahmen der Fort- und Weiterbildung: Der Unterricht wird beobachtet, analysiert und beurteilt.

Der Best-Practice-Ansatz wählt ein anderes Vorgehen.[9] Der Erfolg des Unterrichts wird nicht wie seit Jahrzehnten anhand konkreter Handlungsweisen von Lehrerinnen und Lehrern im Unterricht bestimmt. Wie erfolgreich der Unterricht ist, wird aufgrund der Leistungen der Schülerinnen und Schüler beurteilt. Nicht anders geht auch die Wissenschaft vor, wenn sie zu Erkenntnissen über erfolgreichen Unterricht gelangen möchte. Unterricht ist dann erfolgreich, wenn er eine Wirkung zeigt und die Kinder etwas lernen. Dabei ist es unumgänglich, eine Auswahl von Leistungen zu treffen, denn die Schule verfolgt sehr verschiedene Ziele, die sich unmöglich für eine Gesamtbeurteilung zusammenfassen lassen.

---

9   Töpfer, A. (1997) (Hrsg.): *Benchmarking. Der Weg zu Best Practice.* Berlin: Springer.

Zur Bestimmung des Unterrichtserfolgs bieten sich nicht nur fachliche Leistungen an. Die Schule verfolgt auch fachübergreifende Ziele. Kinder sollen Kompetenzen erwerben, dank denen sie flexibel auf verschiedenste Herausforderungen im täglichen Leben reagieren können. Vor allem die Wirtschaft betont immer wieder, dass sie von den Jugendlichen nach der obligatorischen Schulbildung Schlüsselkompetenzen wie Teamfähigkeit oder Selbstständigkeit erwarte. Messung und Beurteilung fachübergreifender Kompetenzen sind allerdings sehr aufwändig, Teamfähigkeit lässt sich nicht einfach mit Papier und Bleistift erfassen. Ausserdem ist es unklar, welche Rolle der Unterricht bei der Vermittlung solcher Kompetenzen spielt.

Unbestritten ist hingegen, dass zu den grundlegenden Aufgaben der Schule die Vermittlung der Kulturtechniken gehört. Eine vertiefte Grundbildung in Lesen, Mathematik und Naturwissenschaften wird auch von der OECD (Organisation für wirtschaftliche Zusammenarbeit und Entwicklung) als eine unentbehrliche Voraussetzung dafür betrachtet, dass Jugendliche als Mitglieder unserer Gesellschaft den alltäglichen Herausforderungen im privaten, beruflichen und gesellschaftlichen Leben gewachsen sind. Auch der Zusammenhang zwischen Unterrichtsqualität und Leistungen der Schülerinnen und Schüler ist unbestritten. Die fachlichen Leistungen in den Sprachen, in Mathematik und in den Naturwissenschaften sind demzufolge besonders geeignete Benchmarks (Vergleichsgrössen), um erfolgreichen Unterricht zu bestimmen.

Beurteilen von Leistungen

Damit erfolgreicher Unterricht tatsächlich über die Ergebnisse des Unterrichts bestimmt werden kann, sind zwei Dinge notwendig. Es braucht einen Test, mit dem die Leistung gemessen wird, und eine Vergleichsgrösse, aufgrund deren das Testergebnis beurteilt wird. Der zweite Schritt zur Verbesserung der Unterrichtsqualität besteht deshalb im Messen, Vergleichen und Beurteilen. Die Leistungen der Schülerinnen und Schüler einer Klasse werden mit Hilfe eines Tests gemessen. Der Unterrichtserfolg wird durch Vergleichen der Testergebnisse bestimmt: Die Ergebnisse werden beispielsweise mit den Zielen des Lehrplans oder mit den Ergebnissen anderer Klassen verglichen. Nur der Vergleich führt zu einer zuverlässigen Beurteilung der Ergebnisse und dient damit der Bestimmung erfolgreichen Unterrichts. Was in anderen Ländern wie Frankreich, England, Holland oder den USA gang und gäbe ist, nämlich die Leistungen der Schülerinnen und Schüler als Grundlage der Bildungsplanung und der Qualitätssicherung zu messen, hat in der Schweiz keine Tradition. Vielleicht ist dies der Grund, weshalb in gewissen Kreisen vor vergleichender Leistungsmessung gewarnt wird.[10] Die Bereitschaft zu Vergleichen und die Einsicht, dass der Vergleich eine notwendige Grundlage der Qualitätssicherung bildet, ist allerdings bei den Lehrpersonen relativ unbestritten: Lehrpersonen können zwar auch selbst ihre Stärken und Schwächen beschreiben und sich ein Urteil über die Ergebnisse ihres Unterrichts bilden, doch wie zuverlässig diese Beurteilung ist, bleibt unbestimmt. Deshalb ist die Zahl der Lehrerinnen und Lehrer gross, die in der Evaluation und Leistungsmessung eine Chance sehen, zu besseren Erkenntnissen über die Wirkung des eigenen Handelns zu gelangen[11] – vielleicht im Bewusstsein der eigenen Grenzen bei der Beurteilung der Leistungen ihrer Schülerinnen und Schüler.

Eine Qualitätssicherung, die mehr sein möchte als eine pragmatische Einschätzung der Leistungen, muss sich an einem vereinbarten und transpa-

---

10 Brügelmann, H. (1999): *Was leisten unsere Schulen? Zur Qualität und Evaluation von Unterricht.* Seelze-Velber: Kallmeyersche Verlagsbuchhandlung.
11 Bei einer Befragung von 100 zufällig ausgewählten Lehrpersonen, die sich mit ihrer Klassen an einer Evaluation der Leistung beteiligten, attestierten mit 94 Prozent fast alle befragten Lehrpersonen der Rückmeldung der Leistungsergebnisse ihrer Klasse, dass sie zu einer zuverlässigen und wertvollen Standortbestimmung geführt und sie darüber informiert habe, wie gut die Ziele des Lehrplans im Vergleich zu anderen Klassen erreicht werden (Moser, U. und F. Keller [2002]: *Wie beurteilen Lehrpersonen die Rückmeldungen von Ergebnissen bei Leistungsevaluationen?* Zürich: Bildungsdirektion des Kantons Zürich).

renten Massstab orientieren. Denn über die Verbesserung der Qualität lässt sich nur vergleichend befinden, nicht einfach durch Selbstdeklaration und auch nicht durch Urteile freundlich gestimmter Experten. Dies gilt für die Schule ebenso wie für jedes Unternehmen. Allerdings lässt sich im Bildungsbereich der Erfolg nicht so einfach wie in der Privatwirtschaft am Ergebnis (Output) messen. Vielmehr muss berücksichtigt werden, dass es sich bei Schulen um öffentlich-rechtliche Einrichtungen mit einem politisch sanktionierten, gesellschaftlichen Auftrag handelt, der unter verschiedenartigsten Voraussetzungen zu erfüllen ist. Der Unterricht hat aus Gründen der sozialen Gerechtigkeit in dünn besiedelten Berggemeinden, in immigrationsstarken Agglomerationen und in Villenquartieren in gleicher Weise angeboten zu werden, damit ein Minimum gemeinsamer Bildung in der Bevölkerung sichergestellt wird.

Dieser Auftrag lässt sich allerdings nicht ohne weiteres umsetzen. Gute Schulleistungen lassen sich je nach Kontext mit mehr oder weniger Aufwand erreichen.[12] So werden Lehrpersonen von Klassen, in denen vorwiegend Kinder aus sozial privilegierten Familien unterrichtet werden, wesentlich einfacher zu guten Schulleistungen gelangen als Lehrpersonen, die mehrheitlich Kinder aus bildungsfernen Familien unterrichten. Aus diesem Grund sind Vergleiche ohne Berücksichtigung der unterschiedlichen Lernvoraussetzungen der Kinder kaum dazu geeignet, die Unterrichtsqualität zu bestimmen.

Der Vergleich der Schulleistungen verschiedener Schulklassen kann fairerweise nur dann für die Bestimmung erfolgreichen Unterrichts genutzt werden, wenn die unterschiedlichen Lernvoraussetzungen berücksichtigt sind. Aus diesem Grund werden bei Evaluationen neben den Leistungen meist

---

12 Moser, U. (2001): Der Mythos der Chancengleichheit. In: Ch. Aeberli und Ch. Landert: *Potenzial Primarschule. Eine Auslegeordnung, einige weiterführende Ideen und ein Nachgedanke* (S. 46–52). Zürich: Avenir Suisse.

auch Hintergrundinformationen über die Schülerinnen und Schüler erfasst. Mit diesen Informationen ist es möglich, die unterschiedlichen Lernvoraussetzungen der Schülerinnen und Schüler bei der Darstellung der Leistungen einer Klasse einzukalkulieren und faire Vergleiche zwischen Schulklassen zu ermöglichen. Zu den wichtigsten Lernvoraussetzungen werden meist die soziale und kulturelle Herkunft sowie das Geschlecht der Schülerinnen und Schüler gezählt. Die Berücksichtigung dieses Sachverhalts ist für die Anwendung des Best-Practice-Ansatzes im Bildungsbereich zentral. Ansonsten fehlt eine zuverlässige Grundlage für die Reflexion über erfolgreichen Unterricht.

Analyse erfolgreichen Unterrichts

In seinem Klassiker «The reflective Practitioner» geht Donald SCHÖN der Frage nach, wie Wissen beschrieben werden kann, das dem erfolgreichen Handeln zugrunde liegt.[13] Eine Fülle von Beobachtungen zum Wissen von Fachleuten zeigt, dass praktisches Handeln und Reflexion in einer dauernden Wechselwirkung stehen. Auch im Unterricht verbinden Lehrpersonen Theoriewissen und Erfahrungen. Erfolgreicher Unterricht kann deshalb nicht einfach mit der Anwendung von Theorien gleichgesetzt werden. Im Idealfall wird im Unterricht Theoriewissen umgesetzt und dabei sowohl den einzelnen Schülerinnen und Schülern als auch der Situation angepasst.

Analysieren und Reflektieren über Unterricht gehört zu den wichtigsten Tätigkeiten von Lehrerinnen und Lehrern, nicht nur während der Berufsausbildung, sondern auch im späteren Unterrichtsalltag. Die Analyse von wissensbasiertem Handeln der Lehrpersonen im Unterricht hat sich zudem

---

13 Schön, D.A. (1983): *The Reflective Practitioner. How Professionals Think in Action.* New York: Basic Books.

Kooperatives Lernen (3) [→ Seite 79]

«Kooperatives Lernen bedeutet, dass die Schülerinnen und Schüler einander helfen, und zwar: nicht blosses Vorsagen und Abschreiben in der Gruppe, sondern gegenseitig unterstützendes Lernen; nicht einfach richtige Lösungen suchen, sondern gemeinsam richtige Lösungswege diskutieren und erkennen.»

Fritz Rudin, 57 / Primarschule Wasserstelzen, Riehen, Kanton Basel-Stadt

zu einem bedeutsamen Zweig der Unterrichtsforschung entwickelt.[14] So werden Erkenntnisse über erfolgreichen Unterricht längst nicht mehr nur durch Untersuchungen gewonnen, bei denen einzelne Merkmale des Unterrichts – beispielsweise die Häufigkeit von Gruppenunterricht oder die Anwendung offener Unterrichtsmethoden – mit den Leistungen der Schülerinnen und Schüler in Beziehung gesetzt werden. Ergänzend zu solchen Studien wird auch das Wissen erfolgreicher Lehrerinnen und Lehrer unter die Lupe genommen: Worin besteht das Erfolgsgeheimnis von Lehrpersonen, deren Schülerinnen und Schüler gute Leistungen erreichen? Wie setzen sie ihr Wissen im Unterricht um?[15] Exakt diese Fragen bilden das Herzstück des dritten Schritts zur Verbesserung der Unterrichtsqualität.

Das professionelle Wissen der Lehrpersonen wird auch als subjektive Theorie umschrieben. Subjektive Theorien sind für die Anwendung von bestimmten Handlungsmustern im Unterricht verantwortlich,[16] denn zwischen dem Denken und dem Handeln von Lehrpersonen im Unterricht besteht ein enger wechselseitiger Zusammenhang. Subjektive Theorien bilden eine zentrale Grundlage für das Handeln von Lehrpersonen im Unterricht. Im Verlaufe von Handlungsprozessen in häufig wiederkehrenden Situationen entwickeln die Lehrpersonen mit der Zeit mehr oder weniger differenzierte subjektive Theorien. Bei erfolgreichen Lehrpersonen ist die Übereinstimmung zwischen subjektiver Theorie und Handeln deutlich grösser als bei erfolglosen.[17]

---

14 Reflexion über das Handeln im Unterricht und Beschreibung des professionellen (Experten-)Wissens, sofern es reichhaltig und lang erworben ist, sind für einen erfolgreichen Unterricht von grosser Bedeutung.
15 Bromme, R. (1992): *Der Lehrer als Experte. Zur Psychologie des professionellen Wissens*. Bern: Huber.
16 Subjektive Theorien bestehen aus stabilen, kognitiven Strukturen oder aus mentalen Repräsentationen, die implizit oder explizit sein können. Sie enthalten wie wissenschaftliche Theorien eine Argumentationsstruktur und erfüllen Funktionen wie die Situationsdefinition, die nachträgliche Erklärung oder die Vorhersage von Handlungen, die Generierung von Handlungsentwürfen oder von Handlungsempfehlungen oder ganz allgemein die Steuerung von Handlungen.
17 Dann, H.D. (1994): Pädagogisches Verstehen: Subjektive Theorie und erfolgreiches Handeln von Lehrkräften. In: K. Reusser und M. Reusser-Weyeneth (Hrsg.): *Verstehen. Psychologischer Prozess und didaktische Aufgabe* (S. 163–182). Bern: Huber.

Beim Analysieren und Bewerten von Unterricht anhand von professionellem Wissen beziehungsweise subjektiven Theorien findet zwar eine gewisse Einschränkung statt, weil sehr viele Unterrichtshandlungen nicht von mentalen Handlungen begleitet sind und deshalb nicht verbalisiert werden können. Erfahrene Lehrpersonen wissen zudem meist mehr, als sie ausdrücken können. Ihr Alltagswissen ist zum grössten Teil implizit (tacit knowledge). Trotz diesen Vorbehalten gegenüber den subjektiven Theorien gehören das Analysieren und Reflektieren über erfolgreichen Unterricht zu den einfachsten und effektivsten Möglichkeiten, die Unterrichtsqualität zu steigern. Denn wer für das Unterrichten kein Wissen konsultiert, wird in der Regel auch nicht darüber berichten können.[18]

Das Ergebnis der Analyse erfolgreichen Unterrichts ist ein Abbild des professionellen Wissens von Lehrerinnen und Lehrern, die mit ihren Schülerinnen und Schülern vergleichsweise gute Leistungen erreichen. Der Best-Practice-Ansatz gewährt einen Blick in die Schulzimmer, wenn auch nur in Form von Vorstellungen aufgrund schriftlich festgehaltener Reflexionen von Lehrerinnen und Lehrern.

Diskutieren von Verbesserungen

Im Anschluss an eine differenzierte Analyse und Reflexion über den Unterricht gilt es, Verbesserungsmassnahmen zu erarbeiten. Weil die Analyse des Unterrichts bei Best Practice anhand des professionellen Wissens und Handelns von Lehrerinnen und Lehrern im Unterricht erfolgt, lassen sich aufgrund der Ergebnisse meist auch relativ einfach konkrete Massnahmen

---

18 Neuweg, G.H. (2001): Lehrerhandeln und Lehrerbildung im Lichte des Konzepts des impliziten Wissens. *Zeitschrift für Pädagogik, 48 (1)*, S. 10–29.

diskutieren. Dabei ist es von Vorteil, dass die Reflexion zu einer schriftlichen Fixierung des professionellen Wissens zwingt.

Die Chance, dass die Ergebnisse der Analyse von Best Practice tatsächlich genutzt werden und zur Verbesserung der Unterrichtsqualität führen, ist gross, weil die betroffenen Lehrerinnen und Lehrer die eigentlichen Akteure im Geschehen sind. Zwar verlangt der Vergleich der Ergebnisse der Schülerinnen und Schüler in den Leistungstests unter Berücksichtigung der unterschiedlichen Lernvoraussetzungen komplexe wissenschaftliche Methoden. Der Kern von Best Practice, nämlich die Gründe für die guten Leistungen zu analysieren und erfolgreichen Unterricht zu beschreiben, ist aber Sache der betroffenen Lehrerinnen und Lehrer.

Klar ist, dass es sich bei Best Practice um einen eindeutig normativen Zugang zur Verbesserung des Unterrichts handelt, der auch zu Aussagen führen könnte, die wissenschaftlichen Theorien widersprechen. Doch darin liegt gerade eine Stärke des Ansatzes: Nicht isoliertes Theoriewissen, sondern die Umsetzung des Wissens in einer spezifischen Unterrichtssituation führt zum Erfolg. Ebenfalls klar ist, dass Best Practice nicht zuletzt einem Bedürfnis aus der Praxis entspricht. In einer Stellungnahme der Lehrerschaft zur zweiten PISA-Runde hat der Dachverband Schweizer Lehrerinnen und Lehrer (LCH) nämlich bedauert, dass das Suchen nach Erklärungen für die Ergebnisse der Schweiz in PISA meist ohne die Lehrerinnen und Lehrer stattfindet.[19]

Umsetzen konkreter Massnahmen

Zu einem vorläufigen Abschluss gelangt der Best-Practice-Ansatz erst dann, wenn Massnahmen umgesetzt werden und kontrolliert wird, ob tatsächlich

[19] www.lch.ch

eine Verbesserung des Unterrichts stattgefunden hat. Eine Überprüfung von Wirkungen verlangt, dass die Leistungen der Schülerinnen und Schüler erneut gemessen und beurteilt werden. Dabei steht nicht mehr einzig der Vergleich mit den Zielen des Lehrplans und mit andern Klassen im Vordergrund. Vielmehr geht es darum, auch individuelle Veränderungen zwischen zwei oder mehreren Zeitpunkten zu verfolgen. Je nach Ergebnis entpuppen sich die Massnahmen als wirksam, oder sie müssen angepasst werden.

Der Best-Practice-Ansatz ist weniger als ein abgeschlossenes Verfahren zu verstehen. Vielmehr entspricht er einem Prozess, der regelmässig in Gang gesetzt wird. Das beste Unternehmen in seiner Branche zu sein und Best Practice anzuwenden, ist in der Privatwirtschaft wie in der Wissenschaft eine Selbstverständlichkeit. Es ist zu hoffen, dass dies in der Schule nicht anders ist. Dabei mag der Begriff «best» und der damit verbundene Vergleich für manche Lehrperson noch etwas stossend sein. Doch es geht bei Best Practice in keiner Weise darum, die Konkurrenz unter den Lehrpersonen zu schüren, sondern den Unterricht zu verbessern. Und dazu müssen auch jene Informationen genutzt werden, die erst durch den Vergleich möglich werden.

Unterrichten und erziehen werden manchmal etwas unbedacht als Fähigkeiten betrachtet, über die jeder Mensch zu verfügen glaubt, schliesslich haben alle einmal die Schule besucht und ab und zu mit Kindern zu tun. Doch selbst die Grundausbildung zur Lehrerin oder zum Lehrer garantiert noch keineswegs erfolgreichen Unterricht. Die «Lehrerbildung» ist vielmehr als eine lebenslange Aufgabe zu verstehen, bei der die Bereitschaft zur Transparenz und die Beteiligung an Feedback-Kulturen zwei grundlegende Elemente darstellen.[20] Allerdings sind Kompetenznachweise bis heute ebenso freiwillig wie fortlaufende Reflexion des eigenen Unterrichts auf der Grundlage transparenter und objektiver Leistungsdaten der Schülerinnen und Schüler.

20 Oser, F. und J. Oelkers (Hrsg.) (2001): *Die Wirksamkeit der Lehrerbildungssysteme. Von der Allrounderbildung zur Ausbildung professioneller Standards.* Chur und Zürich: Rüegger.

03 /
BEST PRACTICE IN DER PRAXIS

Im Vergleichstest: 61 Lehrpersonen und ihre Klassen

Wenn sich die Schweiz an PISA beteiligt, muss sie mindestens 4500 Schülerinnen und Schüler aus 150 Schulen zufällig auswählen, die an einem Halbtag die PISA-Tests lösen. Ansonsten sind die Ergebnisse für das Land nicht repräsentativ und werden infolgedessen auch nicht publiziert. Wie gross eine Stichprobe sein muss, hängt von verschiedenen Faktoren ab, beispielsweise von den Fragen, die mit der Untersuchung zu beantworten sind, oder von der Genauigkeit, mit der von der Stichprobe auf die Population geschlossen werden soll. Untersuchungen werden vor allem dann bei Stichproben durchgeführt, wenn die Kosten und der Aufwand für eine Vollerhebung zu gross wären.

Obwohl häufig von Zufallsstichproben die Rede ist, werden für wissenschaftliche Studien Schulen sowie Schülerinnen und Schüler nach einem streng systematischen Verfahren ausgewählt. Dieses wissenschaftliche Verfahren muss garantieren, dass sich die Schulen der Stichprobe über die ganze Schweiz proportional zur Kantonsgrösse verteilen. Durch wissenschaftliche Stichprobeverfahren wird der Zufall zugunsten repräsentativer Ergebnisse gesteuert. Es ist deshalb wichtig, dass sich die ausgewählten Schulen an der Untersuchung beteiligen.

Ganz andere Überlegungen wurden zur Auswahl der Klassen und Lehrpersonen für die Beteiligung am Projekt Best Practice angestellt. Gesucht waren Lehrerinnen und Lehrer, die sich mit ihrer Klasse an einem Evaluationsprojekt beteiligen, bei dem durch den Vergleich der Leistungen ihrer Schülerinnen und Schüler bestimmt wird, wer zu den erfolgreichen Lehrerinnen und Lehrern gehört. Dazu braucht es weder ausgeklügelte Stichprobeverfahren noch repräsentative Ergebnisse für die Schweiz. Schliesslich liegt das Interesse des Projekts Best Practice nicht bei nationalen oder kantonalen Ergebnissen, sondern einzig beim Erfolg einzelner Lehrpersonen und ihren Klassen.

Eine einfache Möglichkeit, erfolgreiche Lehrpersonen nach den Leistungen ihrer Schülerinnen und Schüler zu bestimmen, hätte sich aufgrund der Ergebnisse bereits vorliegender Studien anerboten, beispielsweise die Nutzung der Klassenleistungen in den PISA-Tests. Ein solches Vorgehen liess sich allerdings aus Gründen des Datenschutzes nicht realisieren. Schulleistungsvergleiche werden anonym durchgeführt, weshalb ein Zugriff auf die Ergebnisse einzelner Klassen nicht möglich ist. Also wurde ein neues Verfahren konzipiert mit dem Ziel, erfolgreiche Lehrerinnen und Lehrer für die Teilnahme am Projekt Best Practice zu gewinnen.

Zur Teilnahme eingeladen wurden Lehrerinnen und Lehrer der dritten Klassen der Primarschulen aus den Kantonen Aargau, Appenzell Ausserrhoden, Basel-Stadt, Schaffhausen, St. Gallen und Thurgau, wobei die Teilnehmerzahl von Anfang an auf 60 festgelegt wurde. Die Wahl fiel bewusst auf sechs Kantone, in denen die Schülerinnen und Schüler in der Regel bis zum Ende der dritten Klasse den Unterricht bei der gleichen Lehrperson besuchen. Die Kernfächer Mathematik und Deutsch werden von der Klassenlehrperson erteilt. Drei Jahre sind zudem eine angemessene Periode, in der sich erfolgreicher Unterricht positiv auf die Leistungsentwicklung der Schülerinnen und Schüler auswirken kann.

Die Anfrage bei den kantonalen Bildungsdirektoren stiess ausnahmslos auf grosses Interesse und öffnete den Weg zu den Schulen. In gut schweizerischer Manier wurden die weiteren Schritte jeweils den Gegebenheiten der kantonalen Schulsysteme angepasst. In Basel-Stadt erfolgte die Ausschreibung zur Teilnahme über die Rektoren der in Frage kommenden Schulen. In den Kantonen Aargau, Appenzell Ausserrhoden, Schaffhausen und Thurgau wurden die Schulen von den zuständigen Behörden zur Teilnahme aufgefordert, und im Kanton St. Gallen wurden von einem Kenner der Schulszene bewusst 6 Lehrpersonen angefragt. Schliesslich haben sich 61 Lehrpersonen bereit erklärt, am Projekt Best Practice teilzunehmen – mit der Aussicht, (nicht) zu jenen 15 Lehrerinnen und Lehrern zu gehören, mit denen in einer vertieften Runde intensiv über die Ursachen der guten Leistungen ihrer Schülerinnen und Schüler, also über Best Practice, reflektiert wird [vgl. Tabelle].

Anzahl Lehrerinnen und Lehrer des Projekts Best Practice nach Kanton

KANTON	LEHRERINNEN	LEHRER	TOTAL
APPENZELL AUSSERRHODEN	1	2	3
AARGAU	4	1	5
ST. GALLEN	4	2	6
SCHAFFHAUSEN	10		10
THURGAU	13	1	14
BASEL-STADT	12	11	23
TOTAL	44	17	61

Mit der Teilnahme am Projekt verpflichteten sich die Lehrpersonen, die Leistungen ihrer Klasse in Mathematik und Deutsch auf der Basis von standardisierten Tests im Juni 2002 erfassen zu lassen. Die Tests wurden von angehenden Lehrerinnen und Lehrern durchgeführt, die vom Kompetenzzentrum für Bildungsevaluation und Leistungsmessung auf ihren Einsatz vorbereitet worden waren. Dadurch konnte sichergestellt werden, dass die Tests in allen Klassen nach den gleichen Regeln durchgeführt wurden.

Mathematik und Deutsch: Wie gut sind Drittklässler?

Die als Vergleichsgrösse bestimmten Schulleistungen in Mathematik und Deutsch wurden mit bewährten Leistungstests erhoben.[21] Dies hatte den Vorteil, dass im Voraus bekannt war, wie die Ergebnisse in den Leistungstests zu beurteilen sind. Trotzdem taucht bei einem interkantonalen Projekt natürlich sofort die Frage auf, ob die Tests ungeachtet der unterschiedlichen Lehrpläne wohl zu nutzbaren Ergebnissen führen. Die Frage ist bei 26 kantonalen Schulsystemen verständlich, doch unterscheiden sich die Lehrpläne zumindest in der Deutschschweiz für die ersten drei Schuljahre nur geringfügig. Die eingesetzten Tests entsprechen denn auch den Lehrplänen der beteiligten Kantone nahezu vollständig. Einzig der Mathematiktest enthält einige Aufgaben, auf die die Schülerinnen und Schüler gemäss Lehrplan nicht in allen Kantonen gleich gut vorbereitet waren. Diese Aufgaben wurden deshalb für die Berechnung der Ergebnisse in der Mathematik ausgeschlossen.

Beim Vorgehen musste gewährt sein, dass genügend Lehrpersonen bestimmt werden können, deren Klassen sich durch überdurchschnittliche Leistungen ausweisen. Was unter guten Leistungen in der dritten Primarschulklasse verstanden wird, ist auf den folgenden Seiten illustriert.

21 Moser, U., Keller, F. und S. Tresch (2003): *Schullaufbahn und Leistung. Bildungsverlauf und Lernerfolg von Zürcher Schülerinnen und Schülern am Ende der 3. Volksschulklasse.* Bern: h.e.p.

Aufgaben aus den Testheften Mathematik und Sprache (Deutsch)
3. Klasse Primarschule

Einer, Zehner, Hunderter

Wie heisst die Zahl?

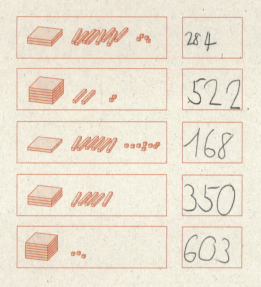

284
522
168
350
603

Mathematik: Teil A, Seite 4
Lösung: Nicole Zimmermann / Jona, St. Gallen

Diagramme

1. Trage die folgenden Zahlen in das Diagramm ein.

8, 14, 49, 11, 35, 26, 21

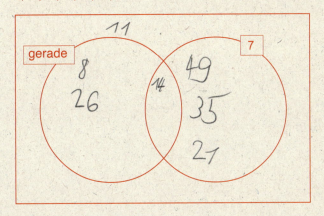

2. Trage die folgenden Zahlen in das Diagramm ein.

9, 15, 18, 24, 27, 35, 60

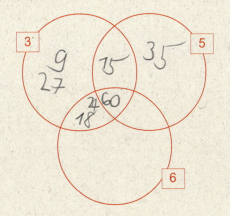

Mathematik: Teil A, Seite 5
Lösung: Nicole Zimmermann / Jona, St. Gallen

Vervielfachen und Teilen

Schreibe die richtige Zahl ins Kästchen.

6 · 8 = **48**
5 · 7 = **35**
9 · 80 = **720**
60 · 4 = **240**
70 · 5 = 350
80 · **7** = 560
10 · 50 > **9 · 50**

54 : 6 = **9**
630 : 90 = **7**
56 : 7 = **8**
770 : 10 = **77**
490 : **7** = 70
72 : **9** = 8
360 : 90 < **15 : 3**

Mathematik: Teil A, Seite 6
Lösung: Virginia von Streng / Frauenfeld, Thurgau

3 · 90 = **270**
42 : **6** = 7
100 : 5 = 20
40 · **9** = 360
24 : 4 = **6**
8 · 80 = 640

Spiegeln

Welches Spiegelbild gehört dazu? Kreuze das richtige an.

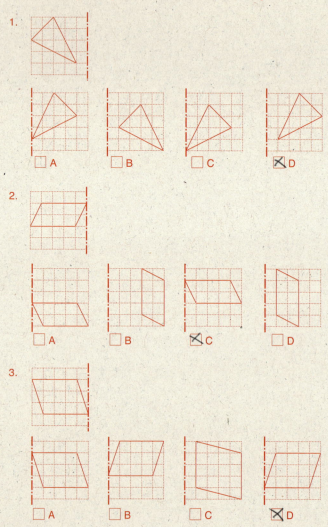

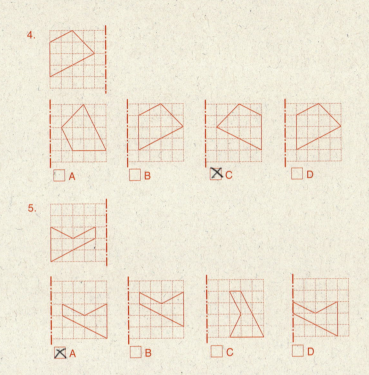

Mathematik: Teil A, Seite 9
Lösung: Nicole Zimmermann / Jona, St. Gallen

Zahlwörter

Lies das Zahlwort und schreibe die Zahl auf.

dreihundert-fünf-und-neunzig   395

achthundert-zwölf   812

sechshundert-vier   604

tausend   1000

Zahlengitter

Schreibe die Zahlen in die fettumrandeten Kästchen.

801	802	803							810
				815					
							838		
								859	
					877				
				896					900

Mathematik: Teil B, Seite 12
Lösung: Nicole Zimmermann / Jona, St. Gallen

Zahlenwürfel

1. Bilde die kleinstmögliche Zahl mit den Ziffern auf den Würfeln.

   269

2. Bilde die grösstmögliche Zahl mit den Ziffern auf den Würfeln.

   962

3. Notiere **alle dreistelligen** Zahlen, die du mit den Ziffern 3, 3, 4 bilden kannst.

   334, 343, 433

4. Notiere **alle zweistelligen** Zahlen, die du mit den Ziffern 7, 1, 8 bilden kannst.

   71, 17, 78, 87, 18, 81

Zifferblätter

Schreibe die Digitalzeiten der Uhren in die Kästchen, zum Beispiel 8:45 Uhr.

1. Tageshälfte   2. Tageshälfte   1. Tageshälfte   2. Tageshälfte

4:00   15:10   6:30   21:35

Spiegelbilder zeichnen

Zeichne das Spiegelbild.

1.

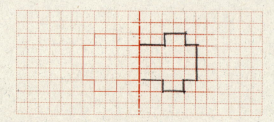

2.

3.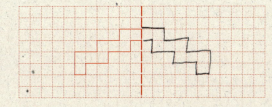

4.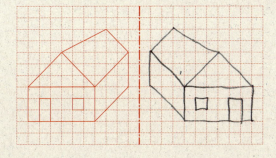

Mathematik: Teil B, Seite 15
Lösung: Virginia von Streng / Frauenfeld, Thurgau

Zahlenstrahl

Schreibe die Zahlen, die mit ↓ und Buchstaben markiert sind ins richtige Kästchen.

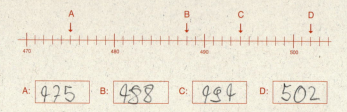

A: 475   B: 488   C: 494   D: 502

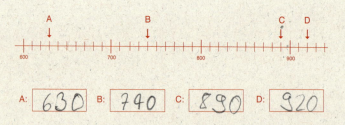

A: 630   B: 740   C: 890   D: 920

Zahlentabellen

Vervollständige die Tabellen. **Schreibe die richtige Zahl ins Kästchen.**

	20	100	240	300	380
das Doppelte	40	200	480	600	760

	20	100	240	300	380
die Hälfte	10	50	120	150	190

	7	60	75	80	100
das Neunfache	63	540	675	720	900

	27	90	300	21	42
der dritte Teil	9	30	100	7	14

Mathematik: Teil C, Seite 19
Lösung: Virginia von Streng / Frauenfeld, Thurgau

Rechnen mit Grössen

Schreibe die richtige Zahl ins Kästchen.

6 Fr. 10 Rp. + 40 Rp. = [6] Fr. [50] Rp.
4 Fr. 60 Rp. + 80 Rp. = [5] Fr. [40] Rp.
2 Fr. 90 Rp. + 50 Rp. = [3] Fr. [40] Rp.
9 Fr. 30 Rp. − 60 Rp. = [8] Fr. [70] Rp.
8 Fr. 20 Rp. − 70 Rp. = [7] Fr. [50] Rp.

2 m 20 cm + 50 cm = [2] m [70] cm
3 m 60 cm + 60 cm = [4] m [20] cm
15 cm 3 mm + 8 mm = [16] cm [1] mm
3 m 70 cm − 2 m = [1] m [70] cm
8 cm 4 mm − 7 mm = [7] cm [7] mm

Mathematik: Teil C, Seite 20
Lösung: Claudio Nart / Thayngen, Schaffhausen

Verwandle.

112 min	=	1 h	52 min		
436 s	=	7 min	16 s		
3 min 30 s	=	210 s			
540 cm	=	5 m	4 cm		
630 Rp.	=	6 Fr.	30 Rp.		
2 Fr. 5 Rp.	=	205 Rp.			
1 cm 5 mm	=	15 mm			

Bilder ergänzen

Welches Bild ergänzt das Anfangsbild? Kreuze richtig an.
Beispiel:

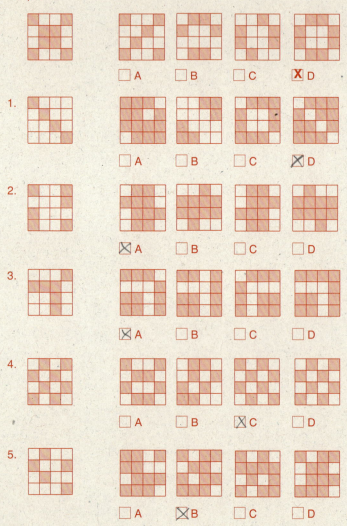

Mathematik: Teil C, Seite 22
Lösung: Virginia von Streng / Frauenfeld, Thurgau

Flussdiagramm

Untersuche die folgenden Zahlen mit Hilfe eines Flussdiagramms.

Eingabezahlen: 95, 1000, 864, 168, 599, 714

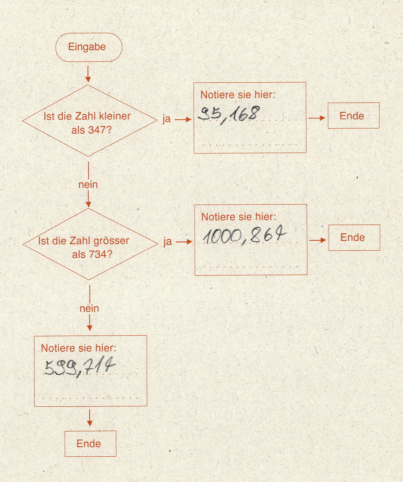

Zahlenfolgen

Führe die Zahlenfolgen richtig weiter.

1. 572   576   580   **584**
2. 866   872   878   **884**
3. 935   930   925   **920**
4. 328   321   314   **307**
5. ✳ ✓ ■ ■ ✳ ✓ ■ **■**
6. ● ● ı ▲ ● **●** ı ▲ ● ●
7. 1 4 9 16 25 36 49 64 81 **100**
8. 7 8 10 13 17 22 **28** 35 43 52

Plus- und Minusrechnungen

Schreibe die richtige Zahl ins Kästchen.

623 + 200 = **823**
520 + **60** = 580
70 + **9** = 79
83 + 9 = **92**
532 + 70 = **602**
542 = 30 + **512**
611 + **10** > 619

Mathematik: Teil D, Seite 26
Lösung: Virginia von Streng / Frauenfeld, Thurgau

$829 - 500 = \boxed{329}$

$880 - \boxed{70} = 810$

$96 - \boxed{5} = 91$

$75 - 7 = \boxed{68}$

$533 - 60 = \boxed{473}$

$470 = 20 + \boxed{450}$

$317 - \boxed{30} < 313$

$12 + 20 = \boxed{32}$

$485 + \boxed{19} = 504$

$\boxed{871} - 60 = 811$

$\boxed{8} + 87 = 95$

$334 - 50 = \boxed{284}$

$203 - \boxed{201} = 2$

Bilderquadrat

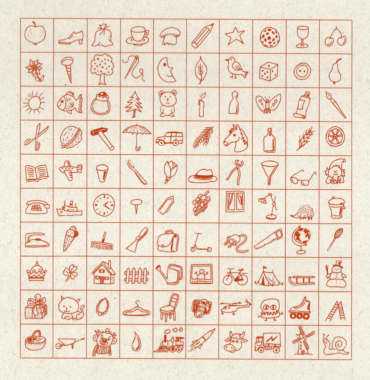

Suche das Bild im Bilderquadrat und umkreise dann die richtige Lösung!

1. Was siehst du links neben der Katze?

2. Was siehst du über dem Regenschirm?

3. Was siehst du rechts neben dem Fingerring?

4. Was siehst du zwischen der Giesskanne und dem Velo?

5. Was siehst du unter dem Würfel?

6. Der Helikopter fliegt zwei Felder vorwärts.

7. Der Vogel fliegt ein Feld hinauf.

8. Das Auto fährt vier Felder rückwärts.

9. Was siehst du hinter dem Igel?

10. Das Flugzeug fällt ein Feld hinunter.

11. Was siehst du vor dem Lastwagen?

Mathematik: Teil D, Seite 29
Lösung: Nicole Zimmermann / Jona, St. Gallen

Spiegeln

Welches Spiegelbild gehört dazu? Kreuze das richtige an!
Beispiel:

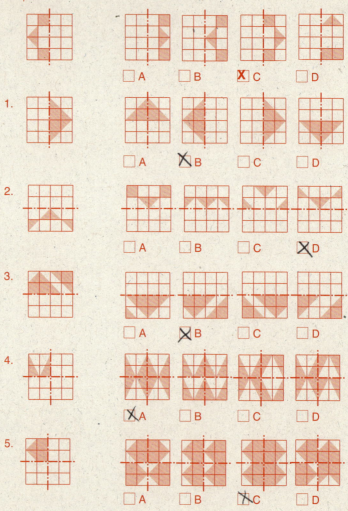

Mathematik: Teil D, Seite 30
Lösung: Diego d'Anna / Frauenfeld, Thurgau

In den Ferien

Remo erzählt, was er und seine Familie in den Ferien gemacht haben. Höre immer genau zu. Wenn du dazu aufgefordert wirst, umkreise die richtigen Bilder: Wie war das Wetter? Wo war die Familie an diesem Tag? Was hat die Familie gemacht?

Am Montag war unser erster Ferientag. Die Sonne schien und der Himmel war wolkenlos. Wir wollten zuerst einmal unseren Ferienort kennenlernen und machten einen Spaziergang. Schliesslich entdeckten wir einen grossen, schönen Park. Dort konnte man wunderbar spielen. Bei einem Mann kauften wir Ballone und liessen sie fliegen.
Umkreise jetzt die passenden Bilder!

Am Dienstag war das Wetter nicht mehr so schön. Der Himmel war bewölkt. Wir überlegten lange, was wir anfangen sollten. Sollten wir nochmals in den Park gehen und dort spielen? Den Strand kannten wir auch noch nicht. Aber wir hatten zu nichts richtig Lust. So blieben wir zu Hause. Zum Glück hatten wir Sachen von zu Hause mitgebracht. Wir hatten Papier und Bleistifte, um Briefe zu schreiben, Farbstifte, um zu zeichnen und Malsachen dabei. Wir malten alle zusammen ein schönes Bild.
Umkreise jetzt die passenden Bilder!

Als wir am Mittwoch aufstanden, waren wir gespannt, wie heute das Wetter war. Endlich war es wieder schön und warm. So war klar, dass wir heute sicher nicht zu Hause bleiben mussten, denn davon hatten wir genug. Papa wollte gerne in den Park gehen, aber wir anderen konnten ihn überzeugen: So packten wir den Sonnenschirm ein und gingen an den Strand.
Umkreise jetzt die passenden Bilder!

Wie gross war unsere Enttäuschung, als es am Donnerstag in Strömen regnete. Gestern hatten wir geplant, nochmals an den Strand zu gehen, aber bei diesem Wetter war nichts zu machen. Wir mussten wohl oder übel zu Hause bleiben. Aber was sollten wir tun? Mama schlug uns vor, ein Bild zu malen, aber das hatten wir doch schon am Dienstag gemacht. Peter wollte zeichnen, aber er fand seine Farbstifte nicht. So haben wir dann alle miteinander Briefe geschrieben und sie unseren Verwandten und Freunden geschickt.
Umkreise jetzt die passenden Bilder!

Wir waren froh, dass das Wetter am Freitag wieder besser war. Zwar standen immer noch Wolken am Himmel, aber zwischendurch lachte die Sonne. Für einen Tag am Strand war es noch nicht schön genug. Alle freuten sich, noch einmal in den Park zu gehen. Der Mann mit den Ballonen war nicht mehr da, aber wir hatten unseren Ball mitgenommen und spielten damit.
Umkreise jetzt die passenden Bilder!

Am Samstag war unser letzter Ferientag. Wir fanden alle, dass das ein wunderbarer Abschluss war, weil es heute noch einmal schön sonnig und warm war. So mussten wir auch nicht lange überlegen, was wir tun sollten. Bei diesem Wetter konnte man keine Sekunde länger zu Hause bleiben. Wir gingen an den Strand. Das Wasser sah so schön blau aus, und darauf leuchteten hunderte von weissen Punkten. Es waren Segelschiffe. Ganz weit draussen sahen wir sogar ein riesiges Dampfschiff. Unsere Eltern machten uns zum Abschluss der Ferien eine besondere Freude. Sie mieteten ein Ruderboot für uns alle, das wir den ganzen Tag haben durften.
Umkreise jetzt die passenden Bilder!

Sprache (Deutsch): Teil A
Anweisungen und Erzählung zu den Seiten 4 und 5

In den Ferien

Remo erzählt, was er und seine Familie in den Ferien gemacht haben. Höre immer genau zu. Umkreise die richtigen Bilder, wenn du dazu aufgefordert wirst.

Montag

Dienstag

Mittwoch

Sprache (Deutsch): Teil A, Seite 4
Lösung: Dominik Rüdisser / Jona, St. Gallen

Donnerstag

Freitag

Samstag

Sprache (Deutsch): Teil A, Seite 5
Lösung: Dominik Rüdisser / Jona, St. Gallen

Was hast du gemacht, damit du gut zuhören konntest?

1) Ich habe alles, was mich ablenken könnte, unter meinem Pult versorgt.
   Ja ☐
   Nein ☒

2) Ich habe die Augen beim Zuhören geschlossen.
   Ja ☐
   Nein ☒

3) Ich habe weit weg geschaut.
   Ja ☐
   Nein ☒

4) Ich habe mir alles, was ich gehört habe, als Film vorgestellt.
   Ja ☒
   Nein ☐

Sprache (Deutsch): Teil A, Seite 6
Lösung: Sven Högger / Jona, St. Gallen

Wortwahl

Finde den passenden Begriff, der zu allen Sachen passt.

1) Messer, Gabel und Löffel gehören zum
   Besteck.

2) Eiche, Buche, Ahorn und Linde sind
   Bäume.

3) See, Bach, Fluss, Teich und Meer sind
   Gewässer.

4) Tram, Bus, Zug und Velo sind
   Fahrzeuge.

5) Angela, Brigitte, Maria, Vanessa und Lisa sind
   Namen.

Sprache (Deutsch): Teil A, Seite 7
Lösung: Sven Högger / Jona, St. Gallen

Sätze erfinden

Schreibe die angefangenen Sätze fertig.

1. Warum ist ein Blatt grün?

2. Hinter dem Haus steht unser Auto.

3. Hast du Angst wenn es dunkel ist?

4. Die Grossmutter sitzt gemütlich auf dem Sofa.

5. Gestern ging ich einkaufen.

6. Diese Hose ist ganz schmutzig, weil ich im Dreck war.

7. Woher kommt dieser Name?

8. Er ist so müde, dass er einschlafen könnte.

Ausfahrt mit dem Ruderboot

Lies den Text und schreibe die Nummern der unterstrichenen Wörter der Reihe nach in die Kästchen.

Lösung: 1 19 13 16 15 11 17 15

Dino wohnt im Schloss. Er möchte mit seinem Ruderboot eine Ausfahrt machen. Dazu holt er seinen Freund Mats ab, der im Haus mit dem Kamin wohnt.

Weiter geht's zu Nico, der seine Schafe füttern musste und jetzt auf der Bank neben dem Stall auf seine Freunde wartet.

Gemeinsam spazieren sie in Richtung Osten durch das Dorf.

Auf dem Weg zum See kommen sie an einem Turm vorbei. Plötzlich haben sie eine Idee. Sie möchten wieder einmal die Welt von oben betrachten. Sie steigen auf den Turm und schauen in alle vier Himmelsrichtungen. Sie sehen Dinos Grossmutter, die gerade einen Korb voll Pilze am Arm trägt, und winken ihr zu.

Auf einmal fallen Tropfen vom Himmel. Rasch rennen sie den Weg entlang ins Dorf zurück. Die Ausfahrt müssen sie nun leider auf morgen verschieben.

Sprache (Deutsch): Teil A, Seite 9
Lösung: Dominik Rüdisser / Jona, St. Gallen

Alberto und das Rollbrett

Lies den Text zuerst ganz. Überlege dir dann, wo die Sätze aufhören. Wenn ein Satz fertig ist, mach einen senkrechten Strich. Nach dem ersten Satz ist bereits ein senkrechter Strich eingezeichnet.

ES IST MITTWOCHNACHMITTAG | ALBERTO HAT SEINE HAUSAUFGABEN SCHON ERLEDIGT | ER GEHT MIT SEINEM ROLLBRETT AUF DIE STRASSE | ER TRIFFT SEINEN FREUND | URS BESITZT KEIN ROLLBRETT | ER MÖCHTE UNBEDINGT ALBERTOS ROLLBRETT AUSPROBIEREN | URS FRAGT: DARF ICH MAL FAHREN | ALBERTO ERLAUBT ES |

Wörter erkennnen

Suche alle Nomen (Namenwörter) und unterstreiche sie braun. Suche dann alle Verben (Tunwörter oder Tätigkeitswörter) und unterstreiche sie hellblau.

Alberto und Urs gehen zur Garage. Dort fährt Urs die Garageneinfahrt hinunter. Er hat Pech und fällt vom Rollbrett. Er schlägt mit dem Kopf an das parkierte Auto. Urs bekommt eine Beule an der Stirn.

Sprache (Deutsch): Teil B, Seite 12
Lösung: Marina Zahner / St. Gallen

. oder ! oder ?

Setze am Ende jedes Satzes ein passendes Satzschlusszeichen.

1) Alberto und Urs gehen zur Garage.

2) Alberto fragt: «Traust du dich die Garageneinfahrt hinunterzufahren?»

3) Urs nickt und fährt hinunter.

4) Alberto ruft laut: « Pass auf »!

5) Urs hat Pech und fällt vom Rollbrett.

6) Er schlägt mit dem Kopf an das parkierte Auto.

7) «Auaaaa.... »!

8) Alberto fragt aufgeregt: «Hast du dich verletzt?»

9) Urs weint beinahe und schreit: «Das siehst du doch!»

10) Er bekommt eine Beule an der Stirn.

11) Diese wird bestimmt wieder heilen.

12) Doch was geschieht mit der Beule am Auto?

Wortwahl

Kreuze das Wort an, das am besten passt.

1) Mit dem Bleistift zu schreiben, ist praktisch. Wenn man einen Fehler gemacht hat, kann man

   gummieren. ☐
   radieren. ☒
   putzen. ☐

2) Fritz hat viele Haustiere. Seine Fische leben

   im Aquarium. ☒
   im Terrarium. ☐
   im Bassin. ☐

3) Die zwei Wellensittiche leben in einem

   Käfig. ☒
   Stall. ☐
   Kasten. ☐

4) Sabinas Hund

   turnt mit dem Schwanz, wenn er sich freut. ☐
   wackelt mit dem Schwanz, wenn er sich freut. ☐
   wedelt mit dem Schwanz, wenn er sich freut. ☒

5) Die Lehrerin schreibt mit

   Filzstift auf den Hellraumprojektor. ☒
   Kugelschreiber auf den Hellraumprojektor. ☐
   Farbstift auf den Hellraumprojekt. ☐

Sprache (Deutsch): Teil B, Seite 14
Lösung: Sven Högger / Jona, St. Gallen

6) Die Schneeflocken

   tropfen auf den Gartenhag. ☐
   fallen auf den Gartenhag. ☒
   fliegen auf den Gartenhag. ☐

7) Das Krokodil

   hat gerne Fleisch. ☐
   frisst gerne Fleisch. ☒
   isst gerne Fleisch. ☐

8) Um einen Nagel einzuschlagen, braucht man

   eine Zange. ☐
   einen Hammer. ☒
   einen Schraubenzieher. ☐

9) Diese Kerze kann man nicht mehr anzünden,
   weil die kleine Maja

   den Stängel abgebrochen hat. ☐
   die Schnur abgebrochen hat. ☐
   den Docht abgebrochen hat. ☒

10) Peter stolpert über seine Füsse, weil er seine

    Fäden nicht gebunden hat. ☐
    Schnürsenkel nicht gebunden hat. ☒
    Fransen nicht gebunden hat. ☐

Sprache (Deutsch): Teil B, Seite 15
Lösung: Sven Högger / Jona, St. Gallen

Zeichungsaufgaben

Für diese Aufgabe brauchst du Farbstifte (blau, gelb, rot, braun und grün). Lies die Aufgaben und führe sie aus.

1) Zeichne das Haus fertig. Es hat drei Fenster, eine Türe und ein Dach. Auf dem Dach steht ein rauchender Kamin. Neben dem Haus steht ein Baum.

2) Male eine der oberen Ecken grün und die andere gelb aus. Male dann die zwei verbleibenden Ecken rot aus. In die Mitte der Figur malst du eine brennende Kerze.

Sprache (Deutsch): Teil B, Seite 16
Lösung: Sven Högger / Jona, St. Gallen

3) Zeichne einen grossen Kreis. In diesem Kreis hat es eine gelbe Blume, ein rotes Herz und einen blauen Ballon mit einer braunen Schnur.

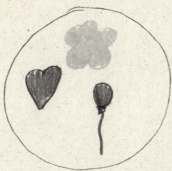

4) Verbinde die vier Punkte miteinander, so dass ein Quadrat entsteht. Setze in die Mitte jeder Linie einen Punkt. Verbinde diese neuen Punkte miteinander, so dass wieder ein Quadrat entsteht.

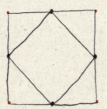

Sprache (Deutsch): Teil B, Seite 17
Lösung: Sven Högger / Jona, St. Gallen

Nora hat Geburtstag

Lies zuerst die Geschichte. Löse nachher die Fragen auf der nächsten Seite.

Nora hat Geburtstag. Fünf ist sie geworden. Sie hat schon viele Geschenke bekommen: eine Puppe, Regenbogenstiefel, ein Malbuch mit Filzstiften ...
Dann kommt Tante Miriam zu Besuch.
«Herzlichen Glückwunsch!», sagt sie und gibt Nora ein grosses Paket. Nora packt das Geschenk aus. Es ist ein grosser Bär. Er hat ein hellbraunes Fell und dunkelbraune Augen und er hat ein gelbes Kleid mit roten Punkten an. Dieser Bär ist eine Bärin.
«Gefällt sie dir?», fragt Tante Miriam.
«Ja!», sagt Nora und denkt: Eigentlich hätte ich lieber einen Pandabären. Aber das traut sie sich nicht zu sagen.
Als der Geburtstag vorbei ist, bringt Papa Nora ins Bett. Vorher haben sie alle Geschenke in ihr Zimmer getragen. Die neue Puppe liegt neben Nora.
«Gute Nacht, mein Schatz», sagt Papa. Er gibt Nora einen dicken Kuss und geht aus dem Zimmer.
«Gute Nacht, Josefina Katharina», sagt Nora zur Puppe. So heisst auch Noras Mutter. Die hat die Puppe aus Australien geschickt, wo sie schon seit zwei Jahren mit einem neuen Mann wohnt. Aber die Puppe schläft schon. Sie kann also nichts mehr sagen.
«Gute Nacht, Bär!», sagt Nora. Der Bär sitzt ganz allein in der Ecke.
«Schlaf gut!», ruft Nora noch einmal.
Der Bär sagt nichts.
Nora klettert aus dem Bett und geht zu ihm hin. «Warum sagst du nichts? Bist du vielleicht taub?»

«Ich sag nichts, weil du mich nicht magst», sagt der Bär. «Du willst lieber einen Pandabären. Alle Kinder wollen immer nur diese blöden Pandas!»

Nora wird rot.

«Gar nicht wahr!», sagt sie schnell. «Ich finde dich ganz toll!»

«Warum darf ich dann nicht in dein Bett?», fragt der Bär.

«Klar, darfst du.» Nora nimmt ihn und klettert wieder in ihr Bett.

«Schläfst du immer angezogen?», fragt der Bär.

«Nein, natürlich nicht.»

«Und warum hab ich dann noch mein Kleid an?», fragt der Bär.

Nora zieht ihm das Kleid aus. Dann nimmt sie ihn in die Arme und legt den Kopf auf seine Brust.

«Schön weich bist du, Bär», sagt sie zufrieden.

«Ich heisse nicht Bär, ich heisse Lola!»

«Schlaf gut, Lola!», sagt Nora und guckt schnell noch einmal, was die neue Puppe macht. Zum Glück schläft sie. Da kann sie nicht eifersüchtig werden.

«Gute Nacht, Nora!», brummt Lola.

Aber Nora hört es nicht mehr. Sie schläft schon.

Trude de Jong

1. Was hat Nora gefeiert?

   ihren Namenstag ☐
   ihren fünften Geburtstag ☒
   ihren sechsten Geburtstag ☐
   den Besuch von Tante Miriam ☐

2. Welches Geschenk hat Nora nicht erhalten?

   einen Bären ☐
   einen Pullover ☒
   eine Puppe ☐
   Regenbogenstiefel ☐

3. Der Bär hat

   ein hellbraunes Fell und dunkelblaue Augen. ☐
   ein dunkelbraunes Fell und hellbraune Augen. ☐
   ein dunkelbraunes Fell und dunkelbraune Augen. ☐
   ein hellbraunes Fell und dunkelbraune Augen. ☒

4. Hat Nora sich über den Bären gefreut?

   Ja, denn sie liebt Bären über alles. ☐
   Ja, sie hat sich einen Bären gewünscht. ☐
   Nein, sie hat schon genug Bären. ☐
   Nein, denn eigentlich hätte sie lieber einen Panda. ☒

5. Josefina Katharina ist der Name von

   ihrer Freundin. ☐
   ihrem Bären. ☐
   ihrer Puppe. ☒
   ihrer Tante. ☐

Sprache (Deutsch): Teil C, Seite 22
Lösung: Céline Berset / Riehen, Basel-Stadt

6. Noras Mutter wohnt seit

   zwei Jahren in Amerika. ☐
   drei Jahren in Australien. ☐
   zwei Jahren in Australien. ☒
   drei Jahren in Amerika. ☐

7. Der Bär heisst

   Josefina. ☐
   Nora. ☐
   Lola. ☒
   Miriam. ☐

8. Der Bär spricht zuerst nicht mit Nora, weil er

   schon schläft. ☐
   nicht sprechen kann. ☐
   sie nicht hören kann. ☐
   meint, dass Nora ihn nicht mag. ☒

9. «Du willst lieber einen Pandabären. Alle Kinder wollen immer nur diese blöden Pandas!» Nora wird rot. Warum?

   Weil sie laut schreit. ☐
   Weil sie sich ertappt fühlt. ☒
   Weil sie heiss hat. ☐
   Weil der Bär weint. ☐

Sprache (Deutsch): Teil C, Seite 23
Lösung: Céline Berset / Riehen, Basel-Stadt

10. Lola trägt ein

    rotes Kleid mit gelben Streifen. ☐
    gelbes Kleid mit roten Streifen. ☐
    rotes Kleid mit gelben Punkten. ☐
    gelbes Kleid mit roten Punkten. ☒

11. Wer spricht nicht im Text?

    Nora ☐
    Lola ☐
    der Vater ☐
    die Puppe ☒

12. Wo schläft der Bär?

    in der Ecke ☐
    in Noras Armen ☒
    im Bett ☐
    neben Nora ☐

13. Wer könnte eifersüchtig werden?

    niemand ☐
    Nora ☐
    Lola ☐
    die Puppe ☒

14. Dieser Text ist

    ein Rezept. ☐
    ein Gedicht. ☐
    eine Geschichte. ☒
    ein Brief. ☐

Sprache (Deutsch): Teil C, Seite 24
Lösung: Céline Berset / Riehen, Basel-Stadt

Wie bist du bei dieser Aufgabe vorgegangen?
Kreuze an: Ja oder Nein.

1) Ich habe sofort mit Lesen begonnen.
   Ja ☒
   Nein ☐

2) Ich habe die wichtigsten Stellen übermalt.
   Ja ☐
   Nein ☒

3) Ich habe mir während des Lesens alles genau vorgestellt.
   Ja ☒
   Nein ☐

4) Ich habe halblaut gelesen, so dass ich mich hören konnte.
   Ja ☐
   Nein ☒

5) Ich habe leise gelesen, ohne dass sich die Lippen bewegt haben.
   Ja ☐
   Nein ☒

6) Ich habe zuerst die Fragen gelesen und dann im Text nachgeschaut.
   Ja ☐
   Nein ☒

Sprache (Deutsch): Teil C, Seite 25
Lösung: Céline Berset / Riehen, Basel-Stadt

Was siehst du auf den Bildern?

Schreibe, was du auf den Bildern siehst.

	Brille		Lupe
	Feuer		Glocke
	Teller		Rucksack
	Hexe		Vase
	Sonne		Vogel
	Schnecke		Blitz
	Tasse		Katze
	Schlüssel		Kuhgrind
	Ohr		Stuhl
	Pfanne		Hammer
	Löffel		Zahnbürste
	Koffer		Herz
	Mund		Brücke
	Kissen		teppich

Sprache (Deutsch): Teil C, Seite 26
Lösung: Philipp Erismann / St. Gallen

Verschiedene Wortarten

Schreibe 2 Nomen (Namenwörter) auf.

1. Käse
2. Teller

Schreibe 2 Verben (Tunwörter oder Tätigkeitswörter) auf.

1. lesen
2. essen

Sprache (Deutsch): Teil C, Seite 27
Lösung: Dominik Rüdisser / Jona, St. Gallen

Bitte nur das lesen, was schwarz ist.
Es braucht keine Anweisung, weil die Kinder wissen,
wie die Sache funktioniert.

Zeichnungsdiktat

Du brauchst Bleistift und Farbstifte. Zeichne genau das, was du hörst.

5 Sekunden Pause.

Die Kinder, die gleich gross sind, tragen beide Hosen.

40 Sekunden Zeit zur Bearbeitung der Aufgabe.

Das grösste Kind lacht.

30 Sekunden Zeit zur Bearbeitung der Aufgabe.

Das Kind mit dem Rollbrett in der Hand hat einen blauen Pullover angezogen, der an jedem Ärmel einen gelben Streifen am Handgelenk hat.

30 Sekunden Zeit zur Bearbeitung der Aufgabe.

Die Schuhe des anderen Kindes, das am Rand steht, sind schwarz.

30 Sekunden Zeit zur Bearbeitung der Aufgabe.

An seinem Arm trägt dieses Kind eine Armbanduhr.

30 Sekunden Zeit zur Bearbeitung der Aufgabe.

Das mittlere Kind hat lange, braune Locken auf dem Kopf und trägt blaue Jeans.

30 Sekunden Zeit zur Bearbeitung der Aufgabe.

Die beiden Kinder am Rand haben kurze schwarze Haare.

30 Sekunden Zeit zur Bearbeitung der Aufgabe.

Das kleine Kind, das kein Rollbrett in der Hand hält, hat einen roten Pullover und rote Backen.

Sprache (Deutsch): Teil D
Anweisungen und Erzählung zur Seite 30

Die Kinder

Du brauchst einen Bleistift und Farbstifte (blau, braun, gelb, rot und schwarz).

Zeichne genau das, was du hörst.

Sprache (Deutsch): Teil D, Seite 30
Lösung: Sven Högger / Jona, St. Gallen

Ein und viele

Schreibe das fehlende Wort auf die Linie.

eine Blume   viele   **Blumen**

ein Baum   viele   Bäume

ein Haus   viele   Häuser

ein Mann   viele   Männer

ein Rad   viele   Räder

eine Maus   viele   Mäuse

ein Traum   viele   Träume

ein Schwamm   viele   Schwämme

Das passende Wort

Schreibe das Wort, das am besten passt, auf die Linie.

Einen Blumenstrauss stellt man am besten in eine Vase.

Ein anderes Wort für Fahrrad ist Velo.

Die Jahreszeit, die nach dem Winter kommt, heisst Frühling.

Wenn jemand Fieber hat, dann ist er krank.

Sprache (Deutsch): Teil D, Seite 31
Lösung: Sven Högger / Jona, St. Gallen

Einladung zum Geburtstag

Du machst ein Geburtstagsfest.
Du schreibst eine Einladung an deine Freundinnen und Freunde.
Schreibe die Einladung auf die nächste Seite.

Lieber Adrian

Ich lade dich ganz herzlich zur meiner Geburtstagsparty ein. Wir gehen Baden ins Alpamare. Am Samstag 9.00 Bei mir. Badehose und Badetuch nicht vergessen. Bis ca. 16.30

Viele Grüsse

Philipp

Sprache (Deutsch): Teil D, Seite 33
Lösung: Philipp Erismann / St. Gallen

Leistungsunterschiede: Zwischen Schülerinnen und Schülern

Im Anschluss an die Durchführung der Untersuchung in den Klassen wurden die Leistungstests von Mitarbeiterinnen und Mitarbeitern des Kompetenzzentrums für Bildungsevaluation und Leistungsmessung nach standardisierten Anleitungen korrigiert. Die Ergebnisse wurden anschliessend elektronisch erfasst.[22] Für die Schülerinnen und Schüler wurde der Anteil richtig gelöster Aufgaben in Prozent berechnet, jeweils getrennt für Mathematik und Deutsch.

Die Abbildung auf Seite 34 zeigt die Ergebnisse des Leistungstests von zwei Klassen. Die schwarz ausgefüllten Punkte stehen für die Schülerinnen und Schüler einer schlechten, die leeren Punkte für jene einer guten Klasse. Der schlechteste Schüler löst in Deutsch 18 Prozent der Aufgaben richtig, in der Mathematik 24 Prozent. Der beste Schüler löst in Deutsch 98 Prozent der Aufgaben richtig, in der Mathematik 93 Prozent. Während in der guten Klasse 12 Schülerinnen und Schüler in beiden Tests mehr als 80 Prozent der Aufgaben richtig gelöst haben, sind in der schlechten Klasse nur gerade 2 Schülerinnen und Schüler gleich erfolgreich. Umgekehrt lösen in der schlechten Klasse 7 Schülerinnen und Schüler in beiden Tests weniger als 60 Prozent der Aufgaben richtig, was in der guten Klasse nur einmal vorkommt.

Zwischen den Leistungen in Mathematik und Deutsch besteht ein enger Zusammenhang: Wer im Mathematiktest viele Aufgaben richtig löst, schneidet auch im Deutschtest gut ab. Die Ergebnisse der Schülerinnen und Schüler der beiden Klassen zeigen auch eindrücklich den Unterschied zwischen

---

22 Zur Qualitätskontrolle wurden 10 Prozent der Testhefte jeweils doppelt korrigiert. Die Übereinstimmung der beiden Korrekturen betrug zwischen 96 und 100 Prozent mit Ausnahme der geschriebenen Texte, die zu 89 Prozent identisch beurteilt wurden. Auch die Zuverlässigkeit der Datenerfassung wurde durch doppelte Eingabe von 10 Prozent der Testhefte kontrolliert.

BEST PRACTICE IN DER SCHULE

Zwei Klassen im Vergleich: Wie viel Prozent der Aufgaben in Deutsch und Mathematik die Schülerinnen und Schüler richtig gelöst haben

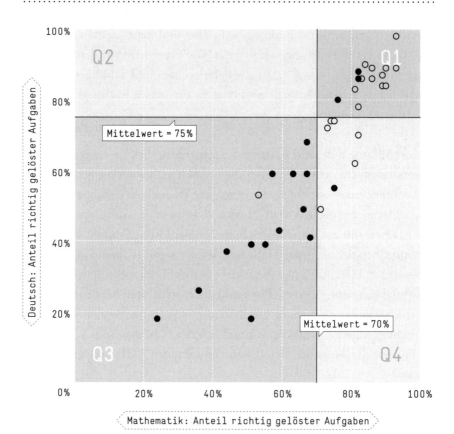

leistungshomogenen und leistungsheterogenen Klassen. Die Leistungen in der guten Klasse sind relativ homogen, das heisst, sie liegen relativ nahe beieinander. Die Mehrheit der Schülerinnen und Schüler der homogenen Klasse löst in der Mathematik und in Deutsch zwischen 70 und 90 Prozent der Aufgaben richtig. Die Leistungen in der schlechten Klasse sind hingegen heterogen. Sie verteilen sich beinahe über das gesamte Leistungsspektrum. Die Schülerinnen und Schüler der heterogenen Klassen lösen in Mathematik und Deutsch zwischen 20 und 90 Prozent der Aufgaben richtig.

Die Leistungsunterschiede zwischen den Schülerinnen und Schülern am Ende der dritten Primarschulklasse sind gross, sogar sehr gross: Während die 10 Prozent besten Schülerinnen und Schüler am Ende der dritten Klasse mehr als 90 Prozent der Aufgaben richtig lösen, werden von den 10 Prozent schwächsten Schülerinnen und Schülern nur gerade zwischen 20 und 40 Prozent der Aufgaben richtig gelöst.

Leistungsunterschiede: Zwischen den Klassen

Die Ergebnisse der Schülerinnen und Schüler in den Leistungstests wurden pro Klasse zusammengefasst. Berechnet wurde der Anteil richtig gelöster Aufgaben pro Klasse in Prozent, und zwar für Mathematik und Deutsch getrennt. Die Abbildung auf Seite 36 zeigt die Ergebnisse der 61 beteiligten Klassen in Mathematik und Deutsch. Die Punkte stehen für die Klassen. Sie zeigen, wie viel Prozent der Aufgaben die Klassen im Mathematiktest und im Deutschtest im Durchschnitt richtig gelöst haben.

Die schlechteren Klassen liegen im Quadranten links unten, die besseren im Quadranten rechts oben. Die beste Klasse hat im Durchschnitt 89 Prozent der Deutschaufgaben und 87 Prozent der Mathematikaufgaben richtig gelöst. Im Quadranten links oben liegen die Klassen, die im Deutschtest

BEST PRACTICE IN DER SCHULE

Wie viel Prozent der Aufgaben in Deutsch und Mathematik die 61 Klassen im Durchschnitt richtig gelöst haben

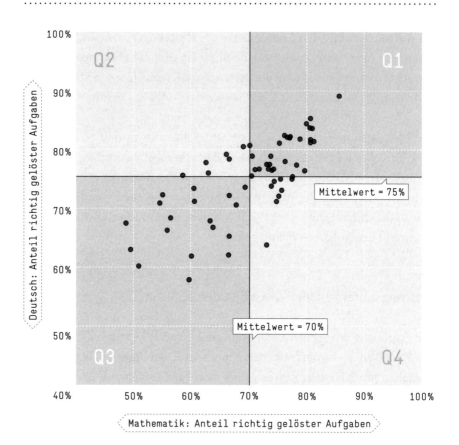

über, im Mathematiktest jedoch unter dem Mittelwert aller Klassen liegen. Bei den wenigen Klassen im Quadranten rechts unten ist es umgekehrt: Diese Klassen liegen im Mathematiktest über, im Deutschtest unter dem Mittelwert aller Klassen. In der Mathematik liegen die durchschnittlichen Klassenleistungen zwischen 49 und 87 Prozent richtig gelöster Aufgaben, in Deutsch zwischen 58 und 89 Prozent. Die Unterschiede zwischen den Klassen sind sehr gross, vor allem wenn bedacht wird, dass die Kinder erst seit drei Jahren die Schule besuchen.

Der Anteil richtig gelöster Aufgaben aller Klassen (Durchschnitt) beträgt in der Mathematik rund 70 Prozent, in Deutsch rund 75 Prozent. Der durchschnittliche Anteil richtig gelöster Aufgaben ist für die Mathematik als vertikale Linie, für Deutsch als horizontale Linie eingezeichnet. 29 Klassen erreichen Leistungen, die sowohl in Deutsch als auch in der Mathematik über dem Durchschnitt liegen. 18 Klassen erreichen Leistungen, die sowohl in Deutsch als auch in der Mathematik unter dem Durchschnitt liegen. Von den restlichen 14 Klassen erreichen 6 Klassen in Deutsch überdurchschnittliche und in der Mathematik unterdurchschnittliche Leistungen, 8 Klassen in Deutsch unterdurchschnittliche und in der Mathematik überdurchschnittliche Leistungen.

Die Mehrheit der Klassen erreicht entweder in beiden Fächern hohe oder aber tiefe Leistungen. Nur wenige Klassen erreichen in der Mathematik hohe, in Deutsch jedoch tiefe Leistungen oder umgekehrt. Es besteht also ein enger Zusammenhang zwischen den Leistungen in der Mathematik und in Deutsch. Dieser positive Zusammenhang lässt sich sowohl für die Ergebnisse der einzelnen Schülerinnen und Schüler als auch für die Ergebnisse der einzelnen Klassen nachweisen.[23] Wer also den Mathematiktest ohne grosse

---

23   Der Korrelationskoeffizient für den Zusammenhang von Mathematik und Deutsch liegt für die Schülerinnen und Schüler bei r = 0.68, für die Klassen bei r = 0.73.

Probleme lösen kann, wird in der Regel auch beim Deutschtest keine grösseren Probleme haben. Klassen mit guten Mathematikleistungen erreichen auch meist gute Leistungen in Deutsch. Wissen und Können werden in den einzelnen Fachbereichen nicht unabhängig voneinander vermittelt oder eingesetzt. Besonders deutlich wird dies beim Lösen mathematischer Probleme, die in der Schule wie im Alltag meist in einen sprachlichen Kontext eingebettet sind.

Die Darstellung der Leistungen der 61 Klassen – ungeachtet der unterschiedlichen Lernvoraussetzungen in den Klassen – führt zu einem realen Abbild der Leistungsunterschiede zwischen den Klassen, sie sagt allerdings noch wenig über erfolgreichen Unterricht aus.

Lernvoraussetzungen: Intelligenz, Sprache und Herkunft

Nun wäre es für die Bestimmung der erfolgreichen Lehrerinnen und Lehrer sicher falsch, einfach jene auszuwählen, deren Klassen die besten Leistungen in Mathematik und Deutsch erreichen. Es sind nämlich nicht nur die Leistungen der Schülerinnen und Schüler, die zwischen den Klassen sehr stark differieren, auch zwischen den Lernvoraussetzungen in den Klassen bestehen sehr grosse Unterschiede. Die Lernvoraussetzungen wurden aufgrund von drei Merkmalen erfasst, von denen hinreichend bekannt ist, dass sie den Lernerfolg und somit das Ergebnis in Leistungstests massgeblich beeinflussen: die kognitive Leistungsfähigkeit, die soziale Herkunft sowie die Kenntnis der Unterrichtssprache der Schülerinnen und Schüler.

Intelligenz — Eine wichtige Voraussetzung für gute Schulleistungen ist die Intelligenz beziehungsweise die kognitive Leistungsfähigkeit der Kinder. Um die Ergebnisse des Unterrichts ungeachtet der kognitiven Voraussetzungen der Schülerinnen und Schüler beurteilen zu können, wurde ein nonverbaler Intelligenztest eingesetzt. Dieser Test ist nahezu frei von sprachlichen und kulturellen Einflüssen. Er misst eine kognitive Leistungsfähigkeit, die im Vergleich zu inhaltlichen Fachleistungen weitgehend unabhängig von Lehrplan und Lehrmittel ist.[24] Zumindest kann davon ausgegangen werden, dass das, was der Test misst, nicht direkt im Unterricht vermittelt wird. In der Abbildung auf Seite 40 geben vier Aufgabenbeispiele einen Einblick in den Test.

Wie für Mathematik und Deutsch wurden die Ergebnisse der Schülerinnen und Schüler im kognitiven Leistungstest pro Klasse zusammengefasst. Berechnet wurde wieder der Anteil richtig gelöster Aufgaben pro Klasse, die Liste zeigt die Ergebnisse der 61 Klassen in diesem Test:

Richtig gelöste Aufgaben	Anzahl Klassen
46–50%	1
51–55%	8
56–60%	14
61–65%	26
66–70%	10
71–75%	2

Bei 26 Klassen liegt der Anteil richtig gelöster Aufgaben im kognitiven Leistungstest zwischen 61 und 65 Prozent. 12 Klassen erreichen höhere, 23 Klassen tiefere durchschnittliche Leistungen. Je höher der Anteil richtig gelöster Aufgaben einer Klasse im kognitiven Leistungstest ist, desto einfacher ist es für die Lehrperson, mit ihren Schülerinnen und Schüler gute Schulleistungen zu erreichen.

---

24 Einen Beleg, dass die kognitive Leistungsfähigkeit kaum vom Lehrplan abhängt, zeigt der Vergleich der Ergebnisse zwischen den Geschlechtern. Knaben erreichen bereits in der dritten Klasse signifikant bessere Leistungen als Mädchen, diese sind jedoch besser in Deutsch. Die Ergebnisse im kognitiven Leistungstest unterscheiden sich hingegen zwischen Knaben und Mädchen nicht.

BEST PRACTICE IN DER SCHULE

Aufgabenbeispiele aus dem Weiss-Grundintelligenztest[25]

Beispiel 1, Reihen fortsetzen: In der Reihe soll jene der fünf Figuren auf der rechten Seite (a, b, c, d) ausgewählt werden, die zu den drei Figuren auf der linken Seite am besten passt.

Korrekte Lösung: a

Beispiel 2, Klassifikationen: In der Reihe soll herausgefunden werden, welche der Figuren in den fünf Kästchen (a, b, c, d) sich von den anderen vier Figuren in irgendeiner Weise unterscheidet, also nicht zu den Figuren passt.

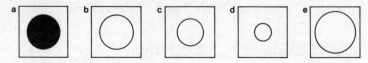

Korrekte Lösung: a

Beispiel 3, Matrizen: Bei der Aufgabe soll aus den fünf kleinen Kästchen rechts (a, b, c, d, e) jenes ausgewählt werden, das in das leere Kästchen links am besten hineinpasst, um den Kasten richtig zu vervollständigen.

Korrekte Lösung: a

Beispiel 4, Schlussfolgern: Bei den Aufgaben müssen die Kinder beim Kästchen links die Position erkennen, wo der Punkt liegt, und dann unter den fünf Auswahlfiguren (a, b, c, d, e) diejenige heraussuchen, in der der Punkt genau so liegen könnte.

Korrekte Lösung: c

Selbstständiges Lernen (4) [→ Seite 82]

«Die Schülerinnen und Schüler stellen einander Fragen zu gelesenen Texten, erstellen zusammen kleine Zusammenfassungen oder Vorträge, überarbeiten gemeinsam selbst verfasste Aufsätze oder diktieren einander Sätze.»

Katy Kranz, 35 / Schulhaus Steingut, Schaffhausen, Kanton Schaffhausen

Kenntnis der Unterrichtssprache — Eine wichtige Voraussetzung dafür, dass die Kinder dem Unterricht folgen und gute Leistungen erreichen können, ist die Kenntnis der Unterrichtssprache. Kinder aus immigrierten Familien sind daher im Unterricht oft überfordert und erreichen im Durchschnitt auch signifikant schlechtere Schulleistungen. Erfreulich ist hingegen, dass die Kinder aus immigrierten Familien mit zunehmender Verweildauer im Sprachgebiet die Unterrichtssprache besser verstehen und sprechen. Trotzdem ist es für Lehrerinnen und Lehrer in Klassen mit vielen fremdsprachigen Kindern besonders schwierig, gute fachliche Leistungen zu erreichen, vor allem in Deutsch, aber auch in der Mathematik.[26]

Die Unterrichtssprache ist neben der sozialen Herkunft und der kognitiven Leistungsfähigkeit der dritte Bestandteil zur Beschreibung der unterschiedlichen Lernvoraussetzungen der Klassen. Ob die Schülerinnen und Schüler als fremdsprachig oder als deutschsprachig zu bezeichnen sind, wurde von den Lehrerinnen und Lehrern nach folgender Definition bestimmt: Als Muttersprache gilt diejenige Sprache, in der die Schülerin oder der Schüler denkt und die sie/er am besten beherrscht. Die Liste zeigt den Anteil fremdsprachiger Schülerinnen und Schüler pro Klasse in Prozent:

Fremdsprachige Kinder	Anzahl Klassen
0–20%	27
21–40%	14
41–60%	8
61–80%	10
81–100%	2

25 Weiss, R.H. (1987): *Grundintelligenztest Skala 2 CFT 20. Dritte verbesserte und erweiterte Auflage.* Göttingen: Hogrefe Verlag für Psychologie. Alle Aufgabenbeispiele sind aus dem «Testheft Form A».

26 Moser, U. (2001): Schulleistungen von fremdsprachigen Schülerinnen und Schülern. Eine Sekundäranalyse zweier Evaluationsstudien aus dem Kanton Zürich. In: Schweizerische Konferenz der kantonalen Erziehungsdirektoren (Hrsg.): *Italienische Schülerinnen und Schüler in der Schweiz. Studien und Berichte 13.* Bern: Schweizerische Konferenz der kantonalen Erziehungsdirektoren.

In 27 Klassen werden jeweils nur sehr wenige fremdsprachige Kinder unterrichtet. Der Anteil liegt bei weniger als 20 Prozent. Bei einer Klasse von 20 Kindern sind dies gerade einmal 4 Kinder, die mit einer anderen Sprache vertrauter sind als mit der Unterrichtssprache. In 12 Klassen sprechen hingegen mehr als die Hälfte der Kinder eine andere Sprache besser als die Unterrichtssprache. Es ist klar, dass die Lehrerinnen und Lehrer je nach Sprachkenntnissen der Kinder ihren Unterricht anders differenzieren müssen. Während sich in den einen Klassen die Lehrpersonen vorwiegend auf die Vermittlung der Lerninhalte konzentrieren können, müssen in den Klassen mit hohem Anteil fremdsprachiger Kinder die Lehrpersonen zuerst einmal sicherstellen, dass sie von allen Kindern verstanden werden. Denn eine erfolgreiche Teilnahme am Unterricht setzt die Kenntnis der Unterrichtssprache voraus.

Soziale Herkunft — Die soziale Herkunft der Kinder entscheidet ebenfalls in hohem Masse über den Schulerfolg. Schülerinnen und Schüler, deren Eltern eine geringe Schulbildung haben, einen Beruf ausüben, der in der Öffentlichkeit wenig Ansehen geniesst, oder relativ wenig verdienen, erreichen deutlich tiefere Schulleistungen. Diese Merkmale von Eltern haben zwar keinen direkten Einfluss auf die schulischen Leistungen der Kinder. Sie sind aber Ausdruck einer familiären Lernumwelt, die sich eher positiv oder negativ auf die Entwicklung der Kinder auswirkt. Ein weiterer guter Indikator für die familiäre Lernumwelt ist die Anzahl Bücher zu Hause. Die Liste zeigt, von wie vielen Büchern die Kinder einer Klasse im Durchschnitt zu Hause umgeben sind:

Bücher	Anzahl Klassen
0–10 (von keinen oder wenigen Büchern umgeben)	3
11–50 (es lässt sich ein Regal füllen)	26
51–100 (es lässt sich ein Gestell füllen)	28
101–200 (es lassen sich mindestens zwei Gestelle füllen)	4

In drei Klassen liegt die durchschnittliche Anzahl Bücher zu Hause zwischen 0 und 10. In vier Klassen liegt die durchschnittliche Anzahl Bücher zu Hause hingegen zwischen 200 und 400. Zu Hause viele Bücher zu haben, ist meist auch Ausdruck von Wohlstand, Bildung, genügend Wohnraum und Einkommen.[27] Zudem haben die Kinder einen einfacheren Zugang zum Lesen und zur Sprache. Aus diesem Grund können die Leistungsunterschiede zwischen den Schülerinnen und Schülern am besten durch die Anzahl Bücher zu Hause erklärt werden, besser noch als durch Einkommen, Ausbildung oder Beruf der Eltern. Die Unterstützung durch das Elternhaus und damit letztlich eine bildungsbürgerliche familiäre Umgebung stellt immer noch ein zentrales Element des Schulerfolgs dar.

Auch PISA hat wieder einmal mit aller Deutlichkeit auf den engen Zusammenhang zwischen sozialer Herkunft und Schulleistungen in der Schweiz hingewiesen.[28] In den international führenden Ländern verfügt die Jugend nach Ende der obligatorischen Schulzeit nicht nur über eine bessere Grundbildung, es gelingt den Schulen dieser Länder meist auch besser, Kinder aus sozial benachteiligten Familien zu fördern. Allerdings kann nicht erwartet werden, dass diese Aufgabe einfach von den Lehrerinnen und Lehrern übernommen wird. Meist finden sich die Kinder aus bildungsfernen Familien gehäuft in einzelnen Schulklassen, was die Aufgabe der betreffenden Lehrpersonen immens erschwert.

---

27 Der Korrelationskoeffizient für den Zusammenhang zwischen der Anzahl Bücher zu Hause und a) dem Einkommen beträgt r = 0.50, b) der Ausbildung des Vaters beträgt r = 0.50, c) des Berufsprestiges beträgt r = 0.52.
28 OECD (2001): *Lernen für das Leben. Erste Ergebnisse von PISA 2000. Ausbildung und Kompetenzen.* Paris: OECD.

Lernvoraussetzungen: Berücksichtigt und neutralisiert

Die grossen Unterschiede in den Lernvoraussetzungen der Kinder machen eines klar: Sollen aufgrund der Leistungen in Mathematik und Deutsch erfolgreiche Lehrpersonen bestimmt werden, müssen die unterschiedlichen Lernvoraussetzungen neutralisiert sein. Bevor irgendein Schluss von den Leistungen der Schülerinnen und Schüler auf den Unterrichtserfolg der Lehrperson gezogen wird, muss garantiert sein, dass bei der Beurteilung der Ergebnisse die Lehrpersonen von Klassen mit günstigen Lernvoraussetzungen nicht im Vorteil sind und Lehrpersonen von Klassen mit ungünstigen Lernvoraussetzungen nicht benachteiligt werden. Denn über erfolgreichen Unterricht, über Best Practice, reflektieren macht nur dann Sinn, wenn die guten Leistungen der Klassen aufgrund des Unterrichts und nicht etwa aufgrund der günstigen Lernvoraussetzungen zustande gekommen sind. Die unterschiedlichen Lernvoraussetzungen werden zur Bestimmung der erfolgreichen Lehrerinnen und Lehrer statistisch kontrolliert – sozusagen aus dem Spiel genommen.

Um zu zeigen, wie gut die Berücksichtigung der Lernvoraussetzungen bei der Berechnung der Ergebnisse gelingt, werden die Klassen in drei Gruppen eingeteilt. Der ersten Gruppe gehören 15 Klassen mit privilegierten Lernvoraussetzungen an. Die Schülerinnen und Schüler dieser Klassen verfügen über eine hohe durchschnittliche kognitive Leistungsfähigkeit, die Kinder werden zu Hause in ihrer Entwicklung unterstützt, und für fast alle ist die Muttersprache Deutsch. Der zweiten Gruppe gehören 15 Klassen mit benachteiligenden Lernvoraussetzungen an. Die Schülerinnen und Schüler dieser Klassen verfügen über eine tiefe durchschnittliche kognitive Leistungsfähigkeit, die Kinder werden zu Hause in ihrer Entwicklung kaum unterstützt, und für fast alle Schülerinnen und Schüler ist die Unterrichtssprache eine Fremdsprache. Die übrigen 31 Klassen werden der dritten Gruppe mit durchschnittlichen Lernvoraussetzungen zugeteilt. Die Schülerinnen und

> **Statistische Kontrolle der Lernvoraussetzungen**
>
> Mit einem rechnerischen Verfahren[29] wird festgestellt, welche Bedeutung die Lernvoraussetzungen der Kinder für das Ergebnis einer Klasse in den Leistungstests haben. Die Vorteile der privilegierten Lernvoraussetzungen für das Zustandekommen der Leistungen in Mathematik und Deutsch werden genauso wie die Nachteile der ungünstigen Lernvoraussetzungen bestimmt und bei der Berechnung des Klassenmittelwerts in Rechnung gestellt. Das heisst, der Anteil richtig gelöster Aufgaben einer Klasse wird um den Einfluss, den die Lernvoraussetzungen der Klasse auf die Leistungen haben, korrigiert. Durch dieses Verfahren werden die Ergebnisse von Klassen mit privilegierten Lernvoraussetzungen reduziert, jene von Klassen mit ungünstigen Lernvoraussetzungen angehoben. Ergebnisse von Klassen, deren Schülerinnen und Schüler beispielsweise über eine vergleichsweise tiefe kognitive Leistungsfähigkeit verfügen, werden um den Einflussfaktor der kognitiven Leistungsfähigkeit auf die Schulleistungen «nach oben» korrigiert. Umgekehrt werden Ergebnisse bei Klassen, deren Schülerinnen und Schüler praktisch ausschliesslich aus privilegierten Familien stammen, um den Einflussfaktor der sozialen Herkunft auf die Schulleistungen «nach unten» korrigiert. Bei Klassen mit durchschnittlichen Lernvoraussetzungen ändern sich durch die Berücksichtigung der Lernvoraussetzungen die Ergebnisse kaum. Die Korrektur der Ergebnisse einer Klasse entspricht in ihrer Grösse immer dem Ausmass des Vorteils beziehungsweise des Nachteils, der durch die Lernvoraussetzungen entsteht.

Schüler dieser Klassen verfügen über eine mittlere kognitive Leistungsfähigkeit, die Kinder werden zu Hause in ihrer Entwicklung mehr oder weniger unterstützt, und der Anteil fremdsprachiger Schülerinnen und Schüler ist weder besonders klein noch besonders gross.

Die Leistungen der einzelnen Klassen in Mathematik und Deutsch werden anschliessend gruppenweise zusammengefasst, und zwar *ohne* Berücksichtigung der Lernvoraussetzungen (faktische Leistungen) und *mit* Berücksichtigung der Lernvoraussetzungen (statistisch kontrollierte Leistungen)

---

29 Für die Berechnung der Ergebnisse unter Berücksichtigung der Lernvoraussetzung wurde die hierarchische Regressionsanalyse angewendet. Die Gleichungen lauten:
1. Ebene: $y_{ij} = \beta_{oj} + \beta_{1}(Muttersprache) + \beta_{2}(kognitive\ Leistungsfähigkeit) + \beta_{3}(soziale\ Herkunft) + r_{ij}$
2. Ebene: $\hat{a}_{oj} = y_{oo} + y_{o1}(Anteil\ Fremdsprachiger) + m_{oj}$
Bryk, A.S. und S.W. Raudenbush (1983): *Hierarchical Linear Models*. Newbury Park: Sage Publications.

[vgl. Abbildung Seite 47]. Die Gruppe mit den privilegierten Lernvoraussetzungen erreicht – wie nicht anders zu erwarten – die besten Leistungen: Im Durchschnitt werden 77 Prozent der Aufgaben in der Mathematik und 80 Prozent der Aufgaben in Deutsch richtig gelöst. Die Gruppe mit den benachteiligenden Lernvoraussetzungen erreicht die schlechtesten Leistungen: Im Durchschnitt werden 60 Prozent der Aufgaben in der Mathematik und 68 Prozent der Aufgaben in Deutsch richtig gelöst. Die Leistungen der Gruppe mit durchschnittlichen Lernvoraussetzungen liegen dazwischen. Im Durchschnitt werden 71 Prozent der Aufgaben in der Mathematik und 76 Prozent der Aufgaben in Deutsch richtig gelöst.

Werden die Leistungen der drei Gruppen unter Berücksichtigung der unterschiedlichen Lernvoraussetzungen dargestellt, dann sind die grossen Leistungsunterschiede deutlich reduziert. In der Mathematik liegen die Leistungen der Gruppe mit den privilegierten Lernvoraussetzungen nur noch 6 Prozent höher als die Leistungen der Gruppe mit benachteiligenden Lernvoraussetzungen und 1 Prozent höher als die Leistungen der Gruppe mit durchschnittlichen Lernvoraussetzungen. In Deutsch liegen die Leistungen der drei Gruppen noch enger zusammen und unterscheiden sich um maximal 3 Prozent.

Welche ausgleichende Wirkung die Berücksichtigung der Lernvoraussetzungen der Kinder hat, machen auch die Verbindungslinien zwischen den Leistungen der drei Gruppen mit und ohne Berücksichtigung der Lernvoraussetzungen deutlich. Während die Linie bei der Gruppe mit privilegierten Lernvoraussetzungen sinkt, steigt sie bei der Gruppe mit benachteiligenden Lernvoraussetzungen. Bei der Gruppe mit durchschnittlichen Lernvoraussetzungen bleibt sie mehr oder weniger gleich.

Die Darstellung der Ergebnisse für die drei Gruppen zeigt, dass die Bedeutung der Lernvoraussetzungen für die Leistungen in Mathematik und

03 / BEST PRACTICE IN DER PRAXIS

Leistungen in Mathematik und Deutsch: Mit und ohne Berücksichtigung der unterschiedlichen Lernvoraussetzungen

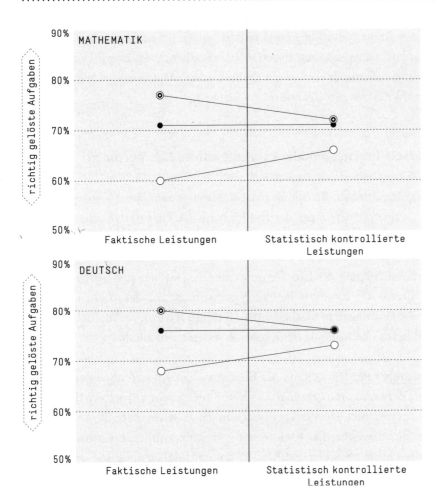

◉ privilegierte Lernvoraussetzungen
● durchschnittliche Lernvoraussetzungen
○ benachteiligte Lernvoraussetzungen

Deutsch sehr gross ist. Durch das angewendete rechnerische Verfahren konnte die Bedeutung der Lernvoraussetzung für die Leistungen praktisch vollständig eliminiert werden. Bei den Klassen mit benachteiligenden Lernvoraussetzungen bleibt nur noch ein kleiner Unterschied bestehen. Dieser lässt vermuten, dass die Lernvoraussetzungen tatsächlich nicht zu hundert Prozent rechnerisch neutralisiert werden können. Die geringen Unterschiede könnten allerdings ebenso gut deshalb zustande gekommen sein, weil die Anzahl Klassen pro Gruppe relativ klein ist.[30]

Im Best-Practice-Finale: 15 ausgewählte Lehrpersonen

Bei einer erneuten Berechnung der Ergebnisse sämtlicher Klassen wurden die Lernvoraussetzungen der Kinder berücksichtigt (statistische Kontrolle der Lernvoraussetzungen). Die Abbildung [Seite 49] enthält nun die definitiven Ergebnisse aller 61 Klassen in Mathematik und Deutsch, jetzt unter Berücksichtigung der Lernvoraussetzungen. Das heisst, die Bedeutung der Intelligenz, der Kenntnis der Unterrichtssprache und der sozialen Herkunft für die Leistungen in Mathematik und Deutsch wurde rechnerisch ermittelt und bei der Berechnung der Klassenleistungen einkalkuliert.

Gegenüber der Darstellung der Ergebnisse der Klassen ohne Berücksichtigung der Lernvoraussetzungen [vgl. Abbildung Seite 36] hat sich die Punkteschar verdichtet. Die Punkte liegen nun näher beieinander, die Leistungsunterschiede zwischen den Klassen sind geringer geworden. Ein grosser Teil der Unterschiede zwischen den Klassen kommt folglich aufgrund unterschiedlicher Lernvoraussetzungen zustande. Nach der statistischen Kontrolle der

---

30 Mit einer grossen Anzahl Klassen pro Gruppe, die aufgrund einer wissenschaftlich gebildeten Stichprobe ausgewählt werden, würden sich die Lehrerinnen und Lehrer von Klassen mit guten oder schlechten Leistungen rein zufällig auf die drei Gruppen verteilen. Die Merkmale der Lehrpersonen könnten dann als Ursache für das Ergebnis einer Gruppe ausgeschlossen werden. Dies ist beim Vergleich der drei Gruppen mit nur 15 Lehrpersonen beziehungsweise 31 Lehrpersonen pro Gruppe nicht gewährleistet.

Lernstrategien (5) [→ Seite 86]

«Zeit wird gespart! Es entstehen rituelle Vorgehensweisen, einverleibte Abläufe. Gleiche Muster und Schlüsselwörter in der Aufgabenstellung können immer wieder erkannt werden. Auf der Basis eines solchen ‹Sicherheitsnetzes› können aus vermittelten Lernstrategien neue, eigene Strategien entstehen.»

Ursula Wetter, 39 / Schulhaus Hohberg, Schaffhausen, Kanton Schaffhausen

03 / BEST PRACTICE IN DER PRAXIS

Wie viel Prozent der Aufgaben in Deutsch und Mathematik die 61 Klassen unter Berücksichtigung der Lernvoraussetzungen richtig gelöst haben (Dreiecke = Klassen der 15 ausgewählten Best-Practice-Lehrpersonen)

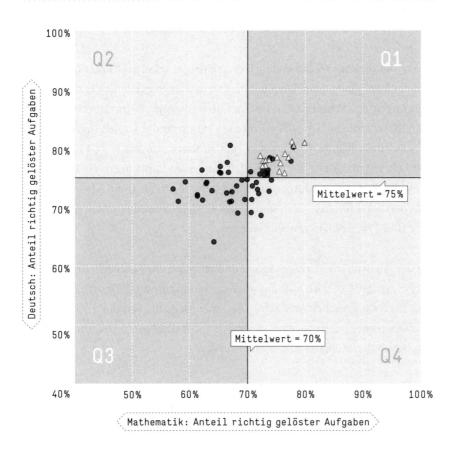

BEST PRACTICE IN DER SCHULE

Lernvoraussetzungen gibt es allerdings immer noch signifikante, zum Teil sogar beachtliche Unterschiede zwischen den Ergebnissen der einzelnen Klassen. In der Mathematik liegen die durchschnittlichen Leistungen der Klassen zwischen 57 und 80 Prozent richtig gelöster Aufgaben, in Deutsch zwischen 64 und 81 Prozent richtig gelöster Aufgaben.

Exakt bei diesen verbleibenden Unterschieden setzt Best Practice ein. Unterricht kann mehr oder weniger effektiv gestaltet werden, was sich in den Leistungen der Schülerinnen und Schüler spiegelt. Worin liegen die Ursachen dieser Unterschiede? Wie kommen sie zustande? Diese Fragen wurden in der dritten Runde des Projekts Best Practice von jenen 15 Lehrerinnen und Lehrern diskutiert, deren Klassen die besten Leistungen erreichten. Die Dreiecke in der Abbildung zeigen die Leistungen jener 15 Klassen, deren Lehrpersonen für das Analysieren und Reflektieren über guten Unterricht, über Best Practice, ausgewählt wurden.

Bei der Auswahl der Lehrpersonen musste neben den guten Leistungen der Klasse auch die Bereitschaft zur aktiven Teilnahme an der Fortsetzung von Best Practice gewährleistet sein. Dies war nicht überall der Fall, weshalb 3 Lehrpersonen, deren Klasse zu jenen 15 mit den besten Leistungen gehörten, durch die nächstbesten ersetzt wurden.

Von den 15 Lehrpersonen, die aufgrund der korrigierten Klassenleistungen als die besten bestimmt wurden, waren 5 Lehrpersonen von Klassen mit privilegierten Lernvoraussetzungen, 3 Lehrpersonen von Klassen mit benachteiligenden Lernvoraussetzungen und 7 Lehrpersonen von Klassen mit durchschnittlichen Lernvoraussetzungen. Das Resultat zeigt eindrücklich, dass auch mit benachteiligenden Lernvoraussetzungen exzellente Leistungen erreicht werden können.

Die 10 Lehrerinnen und 5 Lehrer der Klassen mit den besten Leistungen stammen aus allen sechs beteiligten Kantonen. Je drei aus den Kantonen Aargau, Basel-Stadt, Schaffhausen und St. Gallen, zwei aus dem Kanton Thurgau und eine aus dem Kanton Appenzell Ausserrhoden. In allen sechs Schulsystemen ist es möglich, erfolgreich zu unterrichten und die Schülerinnen und Schüler in Mathematik und Deutsch gut auszubilden.

Das pragmatische Vorgehen bei der Auswahl der Klassen hatte seinen Zweck erfüllt und zu einer genügenden Anzahl von Lehrerinnen und Lehrern geführt, mit denen die Reflexion über ihren Unterricht gestartet werden konnte. Die Begrenzung auf 15 Klassen erfolgte aus ganz praktischen Gründen. Der Aufwand für die geplante Diskussion über guten Unterricht steigt mit der Anzahl der Teilnehmenden. Aufgrund der Ergebnisse in den Leistungstests hätte die Grenze auch bei 20 Lehrpersonen gezogen werden können.

BEST PRACTICE IN DER SCHULE

04 / ANALYSE ERFOLGREICHEN UNTERRICHTS

Erfolgserlebnisse, Enttäuschungen

Im Anschluss an die Untersuchungen in den Klassen wurden allen Lehrpersonen die Ergebnisse ihrer Klasse im Vergleich zu den Ergebnissen der anderen 60 Klassen zugestellt und wurden sie zu ihren Ergebnissen befragt. Dabei waren die Klassenleistungen in Mathematik und Deutsch unter Berücksichtigung der Lernvoraussetzungen dargestellt: für die einen ein Erfolgserlebnis, eine Bestätigung ihrer täglichen Arbeit, für die anderen eine Enttäuschung, teilweise gar eine Entmutigung.

«Ich war überrascht vom Ergebnis, da ich im Vorfeld nicht wusste, wo ich meine Klasse einstufen sollte. Es freut mich auch, dass meine Klasse relativ ausgeglichen in den Leistungen in Mathematik und Deutsch ist. Ich habe immer wieder Basiswissen kontrolliert, bevor ich mit dem Stoff weiterging. Zudem gilt bei mir: Qualität, nicht Quantität, oder: weniger ist mehr.»

«Zuerst möchte ich noch ein paar einleitende Gedanken loswerden: Für Lehrpersonen, deren Klassen unter ihren Erwartungen liegen, ist die Resultatbekanntgabe ein echter Schock. Ich hatte ehrlich gesagt ein paar Tage lang zu kämpfen.»

BEST PRACTICE IN DER SCHULE

«Ich kann mir schlecht erklären, weshalb die Ergebnisse so weit unten liegen. Eigentlich nahm ich an, dass diese Klasse bessere Resultate erzielen würde, beurteile ich sie doch als leistungsstärkste Klasse, die ich je hatte.»

Wir wollten von den Lehrerinnen und Lehrern mehr wissen und haben ihnen gemeinsam mit den Ergebnissen ihrer Klasse zwei Fragen gestellt. Wie erklären die Lehrpersonen ihren Erfolg oder Misserfolg? Worin sehen sie die Ursachen der Ergebnisse ihrer Klasse?

In der Tabelle sind die wichtigsten Gründe der Lehrpersonen für die Erklärung von Erfolg und Misserfolg in drei Kategorien zusammengefasst. Es zeigt sich, dass die Lehrpersonen die schlechten Leistungen ihrer Klassen mehrheitlich auf die Zusammensetzung der Klasse zurückführen, während der eigene Unterricht relativ selten in Frage gestellt wird. Auch die Rahmenbedingungen spielen gemäss ihrer Ansicht eine bedeutendere Rolle. Erfolgreiche Lehrpersonen betrachten gute Leistungen hingegen wesentlich häufiger als Produkt des Unterrichts, wobei allerdings die Zusammensetzung der Klasse ebenfalls eine wichtige Rolle spielt.

Die wichtigsten genannten Gründe für Erfolg und Misserfolg

ERFOLG (VON ERFOLGREICHEN LEHRPERSONEN GENANNTE GRÜNDE)	
QUALITÄT DES UNTERRICHTS	44%
ZUSAMMENSETZUNG DER KLASSE	43%
WEITERE (KAUM BEEINFLUSSBARE) RAHMENBEDINGUNGEN	13%

MISSERFOLG (VON WENIGER ERFOLGREICHEN LEHRPERSONEN GENANNTE GRÜNDE)	
ZUSAMMENSETZUNG DER KLASSE	63%
WEITERE (KAUM BEEINFLUSSBARE) RAHMENBEDINGUNGEN	29%
QUALITÄT DES UNTERRICHTS	8%

Die Lehrpersonen der Klassen mit den besten Leistungen erklärten sich die Ergebnisse vor allem mit dem klaren, strukturierten Aufbau des Unterrichts, regelmässigem Üben und Wiederholen und Anleitung zu selbstständigem Lernen. Aber auch die Zusammensetzung der Klasse wurde immer wieder als wichtiger Baustein zum Erfolg erwähnt: motivierte und neugierige Kinder, gute Atmosphäre im Unterricht, störungsfreies, engagiertes Lernen. Zudem fehlte es auch nicht an Unterstützung von verschiedenen Seiten. Die Zusammenarbeit im Schulhausteam funktioniert ebenso wunschgemäss wie der Kontakt zu den Eltern. Kurzum, auch die Rahmenbedingungen scheinen für diese Lehrpersonen optimal zu sein.

Ganz anders sehen dies die Lehrerinnen und Lehrer der Klassen mit den schlechtesten Leistungen. Für sie liegt der Hauptgrund für die Leistungen der Schülerinnen und Schüler in der ungünstigen Zusammensetzung der Klasse. Erwähnt wird etwa der hohe Anteil an fremdsprachigen Kindern, die dem Unterricht zu wenig gut folgen können. Aufgrund der heterogenen Zusammensetzung der Klasse kann die individuelle Förderung nicht im gewünschten Ausmass realisiert werden. Die Gründe werden aber auch im Unterricht gesucht. In Frage gestellt wurde etwa der «zu lockere» Unterrichtsstil, der ungenügende Blick für das, was die Schülerinnen und Schüler eigentlich leisten sollten, die Vernachlässigung des Hochdeutsch im Unterricht. Auch die Rahmenbedingungen trugen ihren Teil zum Ergebnis bei: Eltern unterstützen ihre Kinder zu wenig und kooperieren nur beschränkt mit der Schule, das Schulhausteam erweist sich als keine grosse Hilfe, und die Stütz- und Förderangebote führen nicht zum erwarteten Erfolg.

Dass die Ursachen für schlechte Schulleistungen vor allem bei der Zusammensetzung der Klasse gesucht werden, ist zwar bis zu einem gewissen Grad verständlich. Zugleich müssten die Lehrerinnen und Lehrer aber in einer solchen Situation auch ihren Unterricht in Frage stellen. Sie erhielten die Ergebnisse bekanntlich korrigiert nach den drei Lernvoraussetzungen

Intelligenz, Kenntnis der Unterrichtssprache und soziale Herkunft der Kinder. Die Auswahl der besten Klassen hat ausserdem gezeigt, dass auch bei benachteiligenden Lernvoraussetzungen sehr gute Leistungen erzielt werden können. Doch wie hat eine Lehrperson treffend festgehalten:

«Antworten zu finden, warum etwas so gut klappt, ist viel einfacher, als danach zu suchen, was schief gelaufen ist, zumal ja jeder Lehrer sein Bestes gibt und davon ausgeht, dass er alles richtig macht.»

Vielleicht sind es da und dort auch die etwas unbekümmerte Berufsauffassung und das blinde Vertrauen in das eigene Handeln, die dem erfolgreichen Unterrichten im Wege stehen. Es wäre in diesen Fällen ganz besonders wichtig, sich den heiklen Fragen zu stellen und den Ergebnissen auf den Grund zu gehen.

Erfolg oder Misserfolg: Auf der Suche nach Ursachen

Erfolg führt bei den Lehrpersonen zu einer Bestätigung, Misserfolg vor allem zu Fragen. Und trotzdem gibt es viele Gemeinsamkeiten zwischen den Lehrerinnen und Lehrern von erfolgreichen und weniger erfolgreichen Klassen.

Zeit — Für alle Lehrerinnen und Lehrer ist unbestritten, dass erfolgreicher Unterricht bei den grossen Leistungsunterschieden innerhalb einer Klasse nicht ohne Individualisierung und Differenzierung auskommt. Doch während es den einen besonders einfach fällt, den Lehr-Lern-Prozess auf die individuellen Bedürfnisse der Kinder auszurichten, betonen die andern ihre Schwierigkeit damit: Differenzieren und Individualisieren wäre weit notwendiger, lässt sich aber aufgrund der leistungsheterogenen Klasse nicht zur Zufriedenheit realisieren. Es fehlt an Zeit.

Üben und Wiederholen (6) [→ Seite 91]

«Klarer und logischer Aufbau des Unterrichts ist zentral. Einzelne Themen sollten mit zunehmendem Schwierigkeitsgrad immer wieder vorkommen und so auch den Bezug zu vorhergehenden Themen aufzeigen. Genügend Übungsaufgaben sind eine absolute Notwendigkeit.»

Markus Hofer, 44 / Schulhaus Dorf, Oberehrendingen, Kanton Aargau

Und immer wieder wird von den Lehrerinnen und Lehrern der Klassen mit guten Leistungen betont, wie notwendig das regelmässige Üben und Festigen der Lerninhalte sei. Erarbeitete Lerninhalte werden wiederholt, gefestigt, automatisiert. Üben findet täglich, meist stündlich statt, spielerisch und abwechslungsreich. Die Notwendigkeit des regelmässigen, abwechslungsreichen und zugleich einsichtsvollen Übens wird von allen Lehrpersonen bestätigt, einigen fehlt aber – wie fürs Differenzieren und Individualisieren – die Zeit.

Klarheit — Zeit für Differenzieren und Individualisieren finden die Lehrpersonen erfolgreicher Klassen immer wieder bei einer offenen Gestaltung des Unterrichts, während die Schülerinnen und Schüler selbstständig arbeiten. Dies funktioniert nur deshalb, weil den Schülerinnen und Schülern auch dann klar ist, was sie zu tun haben. Die Kinder erfolgreicher Klassen werden sorgfältig auf das selbstständige Arbeiten vorbereitet. Selbstständiges Lernen in offenen Unterrichtssituationen wird erst dann eingeführt, wenn die Kinder gelernt haben, auch ohne viel Anleitung und Unterstützung konzentriert zu arbeiten, und die Kommunikation innerhalb der Klasse in einer ruhigen Atmosphäre stattfindet. Mit Selbstständigkeit und Durchhaltevermögen haben schwächere Schülerinnen und Schüler besonders Mühe. Deshalb werden sie in diesen Unterrichtsphasen speziell betreut: Unterstützung finden sie nicht nur bei der Lehrperson, sondern auch bei ihren Mitschülerinnen und Mitschülern, die ihren Wissensvorsprung auch zur Entlastung der Lehrperson einsetzen.

Auch zu den offenen Unterrichtssituationen und zur Anleitung zum selbstständigen Lernen stellen sich Lehrpersonen der Klassen mit schlechten Leistungen kritische Fragen: Hat der Werkstattunterricht die Kinder dazu verleitet, die Aufgaben zu rasch zu erledigen, ohne dass sie die Inhalte verstanden haben? Wurden die Kinder zu wenig gut auf das selbstständige Arbeiten vorbereitet? Waren die Aufträge für die Kinder verständlich? Waren die schwachen Kinder von dieser Unterrichtsmethode überfordert? Vor allem die Klarheit der Instruktion im Unterricht, aber auch die Klarheit der Arbeitsaufträge in offenen Unterrichtssituationen heben erfolgreiche Lehrpersonen als besondere Qualität ihres Unterrichts hervor.

Unterrichtssprache — Nicht immer braucht adäquates Handeln im Unterricht Zeit. Die konsequente Verwendung des Hochdeutsch im Unterricht erfordert beispielsweise keine Zeit und führt zudem ohne Zusatzaufwand zu mehr Klarheit. Spätestens seit die schlechten Leseleistungen der Schweizer Schülerinnen und Schüler in PISA veröffentlicht wurden, wird genügend auf die Notwendigkeit der Verwendung von Hochdeutsch im Unterricht hingewiesen, und zwar vom Anfang der Schulbildung an. Längst ist der grossen Mehrheit der Lehrerinnen und Lehrer bekannt, dass Dialekt im Unterricht bei den Kindern kaum zum gewünschten Sprachbewusstsein führt und sich auch auf die Leistungsentwicklung der Kinder negativ auswirken kann.

Doch in der Umsetzung harzt es teilweise. Eine Hürde für die einen, eine Selbstverständlichkeit für die andern. Mit grosser Überzeugung sprechen die Lehrpersonen der erfolgreichen Klassen im Unterricht hochdeutsch, auch deshalb, weil sie das Lernen der fremdsprachigen Kinder nicht zusätzlich durch den Dialekt behindern möchten. Ganz anders bei den Lehrpersonen der Klassen mit vergleichsweise schlechten Leistungen. Die Schülerinnen und Schüler tun sich nach Aussagen der Lehrpersonen schwer, hochdeutsch zu sprechen, fallen immer wieder in Dialekt. Eigentlich verwunderlich, sind es doch die gleichen Lehrpersonen, die im hohen Anteil fremdsprachiger Kinder einen wichtigen Grund für die schlechten Leistungen sehen. Kinder können dem Unterricht ja nur dann folgen, wenn sie die Sprache verstehen, und dies wird für die Fremdsprachigen bei Verwendung von Hochdeutsch eher der Fall sein. Vielleicht sind es auch die Lehrpersonen, die sich nicht zum Gebrauch des Hochdeutsch überwinden können – obwohl sie in der mangelnden Verwendung des Hochdeutsch einen wichtigen Grund für die schlechten Leistungen sehen.

Regeln — Mit ein Grund, dass die erfolgreichen Lehrpersonen genügend Zeit für das Individualisieren und Differenzieren finden sowie Klarheit im Unterricht schaffen, sind die Anstrengungen, die sie für eine gute Lernatmosphäre unternehmen. Die Lehrpersonen der Klassen mit den guten Leistungen schwärmen geradezu von der störungsfreien Arbeitsatmosphäre, betonen aber auch die harte Arbeit, die dahinter steckt, bevor offene Unterrichtsmethoden und selbstständiges Lernen erfolgreich eingesetzt werden können.

Der Unterricht der besten Klassen zeichnet sich durch eine relativ straffe Führung und klare Grenzen aus. Regeln, die sorgfältig eingeführt werden, bestimmen das tägliche Leben in Schule und Unterricht. Nicht selten fehlt demgegenüber in Klassen mit vergleichsweise schlechten Ergebnissen eine störungsfreie, entspannte Atmosphäre, was auch als Grund für die schlechten Leistungen angeführt wird. Wieder wird die Zeit als wichtiger Faktor erwähnt, Zeit, die für die Lösung von Konflikten nötig ist und somit für das Lernen fehlt.

Es ist nicht die Zusammensetzung der Klasse, die für den Lernerfolg relevant ist, sondern der Umgang mit dieser Rahmenbedingung. Entweder wird die Zusammensetzung der Klasse als Zusatzaufwand wahrgenommen, der aufgrund mangelnder Zeit zum Individualisieren nicht bewältigt werden kann, oder als Auslöser einer guten Atmosphäre, die das Lernen unterstützt. Die gute Atmosphäre im Unterricht stellt sich allerdings nicht ohne besondere Anstrengungen der Lehrpersonen ein. In welcher Richtung sich die Zusammensetzung der Klasse für die Leistungen der Schülerinnen und Schüler auswirkt, hängt auch vom Unterricht ab, zum Beispiel von der Klarheit der Instruktionen, von der Begleitung hin zum selbstständigen Lernen und von den eingeführten Regeln, die das Zusammenleben im Unterricht erleichtern.

Optimismus — Welche Merkmale guten Unterricht auszeichnen, sehen die meisten Lehrerinnen und Lehrer ähnlich. Wie das Wissen über guten Unterricht umgesetzt wird, schätzen die Lehrerinnen und Lehrer jedoch sehr unterschiedlich ein. Den einen gelingt es nach ihren Aussagen, den Unterricht klar zu strukturieren, die Unterrichtsmethoden variantenreich einzusetzen und auf die individuellen Bedürfnisse der Kinder einzugehen. Sie sind sich bewusst, welch grosser Aufwand es bedeutet, bis Kinder einen Lerninhalt wirklich verstanden haben, bis sie Verantwortung für das Lernen übernehmen können, bis sie in anspruchsvollen offenen Unterrichtssituationen den Lehr-Lern-Prozess selbstständig planen können. Die andern sehen in der Zusammensetzung ihrer Klassen und in der fehlenden Unterstützung durch Eltern und Schule eine kaum überwindbare Hürde, versprühen mit ihren Aussagen wenig Zuversicht und Optimismus, scheinen wenig an die eigenen Möglichkeiten zu glauben.

Vielleicht sind die Aussagen einzelner Lehrerinnen und Lehrer vor allem eine Reaktion auf die vergleichsweise schlechten Ergebnisse ihrer Klasse und Ausdruck der Enttäuschung. Kein Wunder, hat die Teilnahme an Best Practice doch einigen Lehrpersonen eine Realität vor Augen geführt, die ihnen bisher erspart blieb.

> «*Vielleicht muss auch gesagt werden, dass wir beim Test mitgemacht haben, um einen Anhaltspunkt zu bekommen, wo wir etwa stehen. Man verliert leicht den Bezug zur weiteren Realität, wenn man jahrelang nur in den eigenen, speziellen Verhältnissen arbeitet.*»

Der fehlende Bezug zu den Leistungen anderer Klassen wird von Lehrerinnen und Lehrern auch in anderem Zusammenhang immer wieder erwähnt.

Wie bereits festgestellt: Ein beachtlicher Teil der Lehrerinnen und Lehrer ist an der Möglichkeit einer Standortbestimmung interessiert und spricht sich für standardisierte Instrumente der Leistungsmessung aus.[31] Regelmässige Informationen über den Lernerfolg der Klasse gäben den Lehrpersonen die Möglichkeit, ihren Unterricht zu verbessern, Sicherheit zu gewinnen und nicht zuletzt den Herausforderungen im Berufsalltag mit mehr Optimismus zu begegnen.

Zu Best Practice: Mit der Delphi-Methode

Diskussion in mehreren Runden — Die Unterschiede zwischen den Erklärungen erfolgreicher und weniger erfolgreicher Lehrerinnen und Lehrer geben einen ersten Eindruck davon, wie Lehrpersonen die Leistungen ihrer Klassen erklären und ihren Unterricht einschätzen. Die Befragung führte zu einer wichtigen Erkenntnis: Obschon weniger erfolgreiche im Vergleich zu erfolgreichen Lehrpersonen die Leistungen eher mit der Zusammensetzung der Klasse und den Rahmenbedingungen, jedoch weniger mit dem eigenen Unterricht erklären, gehen die Vorstellungen über erfolgreichen Unterricht nicht grundsätzlich auseinander. Ob gute oder schlechte Leistungen, viele der erwähnten Gründe lassen sich ähnlichen Themenbereichen zuordnen, etwa dem stetigen Üben und Festigen der Lerninhalte, der Klarheit des Unterrichts, der Atmosphäre im Klassenzimmer oder der Unterrichtssprache. Die Beschreibungen der Themenbereiche zeigen jedoch, dass die Lehrerinnen und Lehrer ihr Wissens über guten Unterricht unterschiedlich umsetzen.

Worin sehen die 15 erfolgreichen Lehrerinnen und Lehrer die besonderen Qualitäten ihres Unterrichts? Was machen sie besonders gut? Wodurch

---

31 Moser, U., Keller, F. und S. Tresch (2003): *Schullaufbahn und Leistung. Bildungsverlauf und Lernerfolg von Zürcher Schülerinnen und Schülern am Ende der 3. Volksschulklasse.* Bern: h.e.p.

> **Delphi-Methode**
>
> Der Name der Delphi-Methode geht auf die griechische Mythologie zurück. In Delphi befand sich die berühmteste Orakelstätte. Die Menschen suchten bei der hohen Priesterin Pythia Weisheit und Prophezeiung, um etwas über die Zukunft zu erfahren. Der Rat war allerdings oft vage und rätselhaft, weshalb die Menschen mehrmals zum Orakel gingen. Ganz so mystisch ist die Delphi-Methode heute nicht mehr, und vor allem geht es dabei nicht ums Orakeln.
> Die Delphi-Methode ist eine spezielle Form der schriftlichen Befragung. Zentral dabei ist die Nutzung des Wissens von Expertinnen und Experten, die mit Hilfe eines Fragebogens zu einem Meinungsaustausch aufgefordert werden. Die Befragung verläuft in mehreren Stufen, wobei die Ergebnisse der vorhergehenden Befragung in die jeweils nachfolgende Befragung einfliessen. Die Ergebnisse einer Runde werden ausgewertet, zusammengefasst und erneut zur Diskussion gestellt, damit ein Thema aus einer höheren Warte beurteilt werden kann. Konvergenzen und widersprüchliche Positionen werden präzisiert und begründet. In mehreren Runden erarbeitet das Team von Expertinnen und Experten Lösungsvorschläge zu den gestellten Fragen, bis die Verständigung zu einem Ergebnis führt, das von allen Expertinnen und Experten akzeptiert oder zumindest toleriert wird.[32]

zeichnet sich ihre Unterrichtspraxis aus? Zur Beantwortung dieser Fragen wurde mit den 15 erfolgreichsten Lehrpersonen eine ausführliche Diskussionsrunde nach der Delphi-Methode durchgeführt.

Die Diskussion über erfolgreichen Unterricht wurde vorab mit Hilfe von Originalaussagen der Lehrpersonen geführt. Die Aussagen waren als Erklärungen guter Leistungen formuliert und entsprachen häufig bekannten Unterrichtskonzepten, beispielsweise handelndem Lernen oder selbstständigem Lernen. Durch offene, aber gezielte Fragen zu einzelnen exemplarischen Originalaussagen wurde die Diskussion über Erklärungsansätze und Unterrichtskonzepte geleitet, so dass das professionelle Wissen der Lehrpersonen und ihre subjektiven Theorien gesammelt und reflektiert wurden. Die Tabelle gibt eine Übersicht über die drei Delphi-Runden, die zwischen

---

32 Wottawa, H. und H. Thierau (1990): *Lehrbuch Evaluation*. Bern, Stuttgart: Huber.

der allgemeinen Befragung aller 61 Lehrpersonen zu den Klassenleistungen und einem Kommentar von 3 Experten eingebettet sind.

Die Analyse erfolgreichen Unterrichts auf einen Blick

ALLGEMEINE BEFRAGUNG ZUR RÜCKMELDUNG DER KLASSENERGEBNISSE
Schriftliche Befragung aller 61 Lehrpersonen: standardisiert, offen

↳ ERSTE DELPHI-RUNDE
Schriftliche Befragung der 15 erfolgreichen Lehrpersonen: standardisiert, offen

↳ ZWEITE DELPHI-RUNDE
Schriftliche Befragung der 15 erfolgreichen Lehrpersonen: offen

↳ DRITTE DELPHI-RUNDE
Gruppendiskussion mit den 15 erfolgreichen Lehrpersonen

VALIDIERUNG DER DELPHI-ERGEBNISSE
Schriftliche Befragung von 3 Experten

Erste Delphi-Runde — Als Grundlage der ersten Delphi-Runde dienten die Ergebnisse der schriftlichen Befragung aller 61 Lehrpersonen. Die erwähnten Ursachen für die Leistungen der Klassen wurden zusammengefasst und strukturiert. Das Material wurde so aufbereitet, dass einerseits die Bedeutung der Erklärungsansätze und der Unterrichtsaspekte erfragt werden konnte. Andererseits wurden die wichtigsten, zum Teil kontrovers diskutierten Erklärungsansätze und Unterrichtsaspekte identifiziert. Daraus entstand ein zweiteiliger Fragebogen.

Der erste Teil des Fragebogens bestand aus einer standardisierten Befragung, bei der die Bedeutung der angesprochenen Ursachen der guten Leistungen erfasst wurde. Die Lehrerinnen und Lehrer konnten mit Hilfe der Skala «keine, geringe, mittlere, grosse, sehr grosse Bedeutung» angeben, wie wichtig verschiedene Unterrichtskonzepte wie das handelnde Lernen, die Arbeit

BEST PRACTICE IN DER SCHULE

Beispiel der ersten Delphi-Runde: Einschätzung der Bedeutung der Unterrichtssprache

Welche Bedeutung hat die Unterrichtssprache für das gute Ergebnis Ihrer Klasse in Deutsch?

	keine	geringe	mittlere	grosse	sehr grosse
Unterricht in der Standardsprache	☐	☐	☐	☐	☐

Beispiel der ersten Delphi-Runde: Originalbeiträge zum Thema Unterrichtssprache

Bitte nehmen Sie zu den folgenden Zitaten Stellung: Welche Bedeutung hat die Unterrichtssprache für das Ergebnis Ihrer Klasse?
Falls notwendig, beantworten Sie die Frage bitte für Mathematik und Deutsch getrennt.

«Nach etwa vier Wochen begann ich in der ersten Klasse hochdeutsch zu sprechen. Ich spreche also in allen Fächern (ausser Turnen und ab und zu im Klassenrat) und meist auch in der Pause hochdeutsch – sogar die persönlichen Bemerkungen.»

«Ich bin überzeugt, dass der bewusste Umgang mit der Sprache – gesprochen oder geschrieben – mehr bewirkt als die gewählten Lehrmittel.»

«Wir sprechen seit der ersten Schulwoche konsequent hochdeutsch, ab Mitte der ersten Klasse mussten die Kinder selber hochdeutsch sprechen. Wir sind so weit, dass die Kinder manchmal auch ausserhalb des Schulzimmers (Pausenhof, Lager) mit uns automatisch hochdeutsch sprechen.»

04 / ANALYSE ERFOLGREICHEN UNTERRICHTS

Beispiel der zweiten Delphi-Runde: Fragen zum Thema Unterrichtssprache

Die meisten Lehrpersonen geben an, im Unterricht konsequent hochdeutsch zu sprechen.
Bitte beantworten Sie folgende Fragen:

– *Weshalb ist die Unterrichtssprache Hochdeutsch zentral für den Lernerfolg in Deutsch?*

– *Wie beurteilen Sie die Bedeutung von Hochdeutsch als Unterrichtssprache für den Lernerfolg in Mathematik?*

– *Welche Kompetenzen der Schülerinnen und Schüler werden durch den Unterricht im Dialekt vernachlässigt?*

Beispiel der dritten Delphi-Runde: Fragen und Aufträge zum Thema Unterrichtssprache

– *Lesen Sie sämtliche Stellungnahmen zum Thema Unterrichtssprache durch.*

– *Welche Aussagen überzeugen Sie besonders?*

– *Welche Aussagen können Sie nicht unterstützen?*

– *Welche Aussagen sind für Sie die wichtigsten? Formulieren Sie Kernaussagen – die Quintessenz – zum Thema Unterrichtssprache.*

– *Halten Sie Ihre Quintessenz schriftlich fest, damit Sie diese präsentieren und erklären können.*

in Gruppen, das Differenzieren oder die Unterrichtssprache für die guten Leistungen sind [vgl. Seite 64].

Im zweiten Teil wurden den 15 Lehrpersonen verschiedene, zum Teil kontroverse Aussagen über erfolgreichen Unterricht vorgelegt. Die Lehrpersonen hatten eine Auswahl exemplarischer Originalaussagen zu diskutieren und differenziert Stellung zu nehmen [vgl. Seite 64].

Zweite Delphi-Runde — Für die zweite Delphi-Runde wurden die Ergebnisse der standardisierten Befragung zusammengefasst und den Lehrpersonen vorgelegt. Als besonders wichtig für gute Leistungen eingestuft wurden das handelnde Lernen, die Verwendung von Hochdeutsch im Unterricht, das Üben und Wiederholen, die Variation der Unterrichtsmethoden, klare Instruktionen im Unterricht, die Vermittlung von Lernstrategien, Disziplin durch Regeln und das kooperative Lernen.

Diese Erklärungsansätze wurden in der zweiten Runde eingehend diskutiert. Zum einen mussten die 15 Lehrpersonen beschreiben, was sie unter den Unterrichtskonzepten verstehen und wie sie diese umsetzen, zum andern mussten sie die Erklärungsansätze für die Leistungen noch einmal begründen [vgl. Seite 65]. Ausserdem wurden den Lehrpersonen sämtliche Ergebnisse der ersten Delphi-Runde zugestellt, damit sie besonders wichtige und interessante Zitate, aber auch Zitate, mit denen sie nicht übereinstimmten, diskutieren konnten.

Dritte Delphi-Runde — Die schriftliche Befragung der Lehrpersonen in den ersten beiden Delphi-Runden fand anonym statt. Die Namen der ausgewählten Lehrpersonen wurden nicht bekannt gegeben. In der dritten Delphi-Runde lernten sich die Lehrerinnen und Lehrer im Rahmen einer Gruppendiskussion kennen. Dabei wurden die Ergebnisse der schriftlichen Diskussion aufgegriffen sowie Divergenzen und Konvergenzen angesprochen mit dem Ziel, eine Quintessenz der Gruppe zu erarbeiten, die von allen Zuspruch erhielt. Die Quintessenz entspricht jeweils einer Synthese zu einem Thema [vgl. Seite 65].

Die schriftlich formulierten Quintessenzen wurden im Anschluss an die Diskussion redigiert und den beteiligten Lehrpersonen noch einmal zur Begutachtung vorgelegt.

Erkenntnisse, Einsichten

Insgesamt wurden zehn Themen über Unterrichtserfolg und vier Themen über den Umgang mit Rahmenbedingungen eingehend diskutiert. Die Auswahl der Themen orientierte sich einerseits an der Bedeutung, die die Themen für das Zustandekommen der guten Leistungen hatten. Andererseits wurden drei Themen aufgenommen, die kontrovers diskutiert wurden oder von bildungspolitischer Relevanz sind. Dazu gehören die Themen Zusammenarbeit in der Schule, Zusammenarbeit mit den Eltern und die Wahl der Lehrmittel:

Themen zum Unterrichtserfolg
   (1) Unterrichtsmethoden
   (2) Handelndes Lernen
   (3) Kooperatives Lernen
   (4) Selbstständiges Lernen
   (5) Lernstrategien
   (6) Üben und Wiederholen
   (7) Lernziele überprüfen
   (8) Individualisieren
   (9) Unterrichtssprache
  (10) Disziplin

Themen zum Umgang mit Rahmenbedingungen
(11) Zusammensetzung der Klasse
(12) Zusammenarbeit in der Schule
(13) Zusammenarbeit mit den Eltern
(14) Die Wahl der Lehrmittel

Die rund 100 Seiten Diskussionsbeiträge der Lehrerinnen und Lehrer wurden für die Beschreibung des erfolgreichen Unterrichts und des optimalen Umgangs mit Rahmenbedingungen zusammengefasst. Die Darstellung der Ergebnisse erfolgt pro Thema in drei Abschnitten: Erkenntnisse der Lehrpersonen, Best Practice im Sinne einer Quintessenz der Erkenntnisse der Lehrpersonen und ein Kommentar der Experten.

Erkenntnisse erfolgreicher Lehrerinnen und Lehrer
Die Erkenntnisse der Lehrpersonen entsprechen einer Synthese der Diskussion über erfolgreichen Unterricht. Es handelt sich dabei uneingeschränkt um das Wissen und die Erfahrungen der Lehrpersonen als Ergebnis der Delphi-Befragung. Die Erkenntnisse der Lehrpersonen enthalten zu jedem Thema den Grundtenor, der durch Originalzitate untermauert wird. Die Erkenntnisse der Lehrpersonen müssen nicht von allen Lehrerinnen und Lehrern in gleicher Weise geteilt werden.

Um zu einer Synthese der Delphi-Ergebnisse zu gelangen, wurden die Aussagen der Lehrpersonen codiert, kategorisiert und strukturiert.[33] Durch dieses Vorgehen konnten aus dem umfangreichen Fundus an Erklärungen, Ausführungen und Stellungnahmen die wichtigsten Merkmale des Unterrichtserfolgs und des optimalen Umgangs mit Rahmenbedingungen gebildet werden.

---

33 Die Codierung und Kategorisierung der Aussagen wurde zum Teil mit Hilfe der Software Atlas 4.2 durchgeführt.

Best Practice
Best Practice enthält jeweils die Quintessenz über erfolgreichen Unterricht und den optimalen Umgang mit Rahmenbedingungen. Best Practice entspricht einer Quintessenz zu jedem Thema, die von allen Beteiligten im Allgemeinen unterstützt wird. Es ist klar, dass eine solche Reduktion zwar einen Verlust an Vielfalt bedeutet, zugleich aber zu präzisen allgemeinen Aussagen führt.

Kommentar der Experten
Jedes Thema wird mit einem Kommentar abgeschlossen. Der Kommentar entspricht einer Würdigung der Erkenntnisse der erfolgreichen Lehrpersonen. Er beruht vorwiegend auf den Ergebnissen der Validierung der Delphi-Ergebnisse durch folgende drei Experten:

- Prof. Hans-Ulrich GRUNDER, Universität Tübingen,
  Institut für Erziehungswissenschaft, Lehrstuhl für Schulpädagogik
- Prof. Andreas HELMKE, Universität Koblenz-Landau,
  Fachbereich Psychologie, Lehrstuhl für Entwicklungspsychologie
- PD Dr. Peter SIEBER, Pädagogische Hochschule Zürich,
  Departement Forschung und Innovation, Prorektor

Die Experten hatten den Auftrag, das professionelle Wissen beziehungsweise die Ergebnisse der Analyse erfolgreichen Unterrichts zu kommentieren, die einzelnen Aussagen der Lehrerinnen und Lehrer aus einer wissenschaftlichen Perspektive zu beurteilen und Konvergenzen und Divergenzen von Aussagen und Theoriewissen über erfolgreichen Unterricht festzuhalten. Die Expertenurteile dienten als Grundlage für die Auswertung der Delphi-Runden und für den abschliessenden Kommentar.

BEST PRACTICE IN DER SCHULE

05 /
BEST PRACTICE: DER WEG ZUM UNTERRICHTSERFOLG

Unterrichtsmethoden (1): *Erfolgreicher mit verschiedenen Lehr-Lern-Formen*

<u>Erkenntnisse erfolgreicher Lehrerinnen und Lehrer</u>
Wer erwartet, dass die Lehrerinnen und Lehrer die guten Leistungen auf die Anwendung einer bestimmten Unterrichtsmethode zurückführen, wird enttäuscht. Es ist der kompetente und gezielte Einsatz vielfältiger Unterrichtsmethoden – davon sind die Lehrpersonen ausnahmslos überzeugt –, der zu guten Ergebnissen führt. Vorlesen, Vortragen, Erklären, Präsentieren, Erzählen gehört genauso zu gutem Unterricht wie kooperatives, handelndes, entdeckendes oder spielerisches Lernen. Die Methodenvielfalt macht den Unterricht spannend und lebendig. Abwechslung zwischen den Lehr-Lern-Formen motiviert nicht nur die Schülerinnen und Schüler, sondern macht auch die Arbeit der Lehrerinnen und Lehrer spannender.

«*Es gibt kaum eine einzig richtige Unterrichtsmethode. Jeder Lerninhalt kann auf unterschiedliche Weise erfolgreich vermittelt werden. Die Kinder sollen auch verschiedene Arbeitstechniken erlernen. Durch die Wahl der verschie-*

denen Methoden gelingt dies sicher besser. Wechselnde Unterrichtsmethoden machen den täglichen Unterricht spannend.»

Mit dem Einsatz verschiedener Unterrichtsmethoden kann die Lehrperson den unterschiedlichen Lernvoraussetzungen und den Bedürfnissen der Kinder gerecht werden. So gibt es Schülerinnen und Schüler, die es vorziehen, etwas alleine zu erarbeiten, und andere, die sich Lerninhalte einfacher und besser unter Anleitung der Lehrperson oder in der Gruppe erwerben. Differenzierung und Individualisierung kann erst dann erfolgreich umgesetzt werden, wenn auch die Unterrichtsmethoden differenziert eingesetzt werden. Die einzig richtige und Erfolg versprechende Methode gibt es ohnehin nicht, nur die Methodenvielfalt macht es möglich, die Vorteile jeder einzelnen Methode auszuschöpfen.

«Für mich ist die Vielfalt der Unterrichtsmethoden ein wichtiger Faktor, um möglichst vielen Kindern gerecht zu werden. Ich versuche viele Unterrichtsmethoden abwechselnd in den Unterricht einzubauen. Nicht für alle Kinder sind die gleichen Formen gleich attraktiv und gleich leistungssteigernd.»

Um den Lernprozess aller Schülerinnen und Schüler optimal zu unterstützen, braucht es sowohl klar strukturierten, straff geführten als auch offenen und schülerzentrierten Unterricht. So verlockend offene Unterrichtsmethoden durch ihre individuelle Ausrichtung erscheinen mögen, so klar ist auch, dass sie allein keinen Lernerfolg garantieren. Dem Werkstattunterricht

---

34 Beim Werkstattunterricht bereitet die Lehrperson ein breites Angebot an Lern- und Arbeitsaufträgen – eine Werkstatt – zu einem Thema vor. Die Schülerinnen und Schüler wählen die Aufgaben und Aufträge aus der Werkstatt, sie bestimmen den Arbeitsablauf, und falls möglich, überprüfen die Lösungen zu den Aufgaben. Die Lehrperson unterstützt die Schülerinnen und Schüler bei Bedarf. Je nach didaktischer Funktion wird eine Werkstatt am Anfang, in der Mitte oder am Schluss einer Lernphase eingesetzt.
Beim Unterricht nach Wochenplan erhalten die Kinder meist zu Beginn der Woche einen Arbeitspass mit Pflicht- und Zusatzaufträgen, den sie während einer Woche selbstständig, aber mit punktueller Begleitung der Lehrperson ausführen. Im Wochenplan ist zudem festgehalten, in welchen Stunden die Kinder mit dem Arbeitspass arbeiten und wann die Lehrperson den Unterricht leitet.

Üben und Wiederholen (6) [→ Seite 91]

«Üben und Wiederholen ist leider nicht sehr attraktiv, weshalb die Gefahr besteht, dass es vernachlässigt wird.»

Julia Gulikhel, 32 / Schule Busswil, Kanton Thurgau

und dem Arbeiten nach Wochenplan beispielsweise, zwei offenen Unterrichtsmethoden, sind auch Grenzen gesetzt.[34] Werkstattunterricht ist zwar zweifellos für das individualisierende Lernen sehr geeignet, hat aber den Nachteil, dass leistungsschwache Schülerinnen und Schüler mit dem Angebot an Aufgabenstellungen eher schlecht umzugehen wissen und schnell überfordert sind.

«Ich arbeite zwei- bis dreimal pro Jahr mit einer Werkstatt. Ich musste die Organisationsformen intensiv aufbauen. Auch schwache Kinder finden sich zurecht, müssen aber von mir mehr begleitet werden. Schwächere Kinder kommen sich oft im Werkstattunterricht verloren vor und können auch nicht mit der Vielfalt des Angebots umgehen, weil ihnen das Entscheiden schwer fällt. Wenn nun zu oft mit Werkstätten gearbeitet wird, sind solche Kinder einer ständigen Überforderung ausgesetzt.»

Freie und offene Unterrichtsphasen sind für Lehrperson und Kinder sehr anspruchsvoll und müssen gut geplant und eingeführt sein, damit sie erfolgreich verlaufen. Struktur und Klarheit von Arbeitsaufträgen schaffen die Voraussetzung für einen eher indirekt gesteuerten Unterricht. Um zu wählen und nach individuellen Interessen und Bedürfnissen vorgehen zu können, müssen die Schülerinnen und Schüler die Aufträge verstehen. Ebenso wichtig ist aber, dass sie Struktur und Klarheit in der täglichen Unterrichtsorganisation kennen gelernt haben. Offene Unterrichtsformen können erst dann erfolgreich eingesetzt werden, wenn der klar strukturierte Unterricht gut funktioniert.

«Zuerst müssen die Kinder mit genauen Instruktionen und klaren Strukturen umgehen können. Erst wenn diese Rahmenbedingungen geklärt sind, ist das erfolgreiche Lernen in einer Grossgruppe mit offenen Lernformen möglich.»

Fremdgesteuertes Lernen mit direkter Instruktion und selbstgesteuertes Lernen mit freiem Arbeiten im Werkstattunterricht sind also keine Gegensätze, sondern ergänzen sich. Für erfolgreiches Lernen sind sowohl klare Instruktionen und ein strukturierter Aufbau des Unterrichts als auch das Lernen in einer weitgehend offenen Unterrichtssituation notwendig, in der die Kinder im Wesentlichen das Vorgehen beim Lernen selbst bestimmen und alleine oder in der Gruppe arbeiten. Es gibt zwar einzelne Ziele im Unterricht, die mit der einen oder anderen Unterrichtsmethode besser verfolgt werden können. Alles in allem können Lehrerinnen und Lehrer ihren Auftrag jedoch nur mit einem breiten und kompetent eingesetzten Methodenrepertoire erfüllen.

Best Practice zum Einsatz der Unterrichtsmethoden
Es gibt keine einzig richtige Unterrichtsmethode. Jeder Lerninhalt kann auf verschiedene Art und Weise erfolgreich vermittelt werden. Die Vielfalt der Unterrichtsmethoden ermöglicht es, den unterschiedlichen Bedürfnissen der Kinder gerecht zu werden und das Leistungspotenzial der Kinder besser auszuschöpfen. Methodenvielfalt bedeutet auch abwechslungsreichen und lebendig gestalteten Unterricht.

Kommentar der Experten
Der abwechslungsreiche und vielseitige Einsatz von Unterrichtsmethoden, abgestimmt auf die Ziele des Unterrichts und auf die Bedürfnisse der Kinder, gehört unbestritten zu den wichtigsten Voraussetzungen für den Lernerfolg. Abwechslung und Rhythmisierung des Unterrichts steigern die Motivation sowohl der Lernenden als auch der Lehrenden. Auch wenn es unter Lehrpersonen lange Zeit als verpönt galt, vor der Klasse zu stehen und darbietend, erklärend, erzählend oder erfragend zu unterrichten, kann Unterricht ohne Instruktion zumindest auf der Primarschulstufe kaum erfolgreich sein. Offene Unterrichtsformen stellen an Lehrpersonen und Lernende sehr hohe Anforderungen und beanspruchen meist sehr viel Vorbereitungszeit. Es ist

aber nicht etwa der Aufwand, der die Lehrerinnen und Lehrer vor einer Dominanz der offenen Unterrichtsmethoden bewahrt. Vielmehr sind es die leistungsschwachen Schülerinnen und Schüler, die oft mit der Vielfalt des Angebots in Werkstätten nicht umgehen können. So genannt lehrerzentrierte Unterrichtsformen erweisen sich gerade bei schwächeren Schülerinnen und Schülern als schülerzentriert und führen durch ein klares, strukturiertes Vorgehen in kleinen und umgehend kontrollierten Schritten auch eher zum gewünschten Lernerfolg.

Handelndes Lernen (2): *Erfolgreicher mit dem Ansprechen mehrerer Sinne*

Erkenntnisse erfolgreicher Lehrerinnen und Lehrer
Spielen, mit Gegenständen lernen, abstrahieren, verinnerlichen, handeln. Es sind unterschiedliche Begriffe, mit denen die Lehrerinnen und Lehrer unmissverständlich den grossen Stellenwert des handelnden Lernens betonen. Allen gemeinsam ist, dass sie im handelnden Umgang mit Materialien den Schlüssel zur Abstraktion sehen. Beim handelnden Lernen werden abstrakte Lerninhalte zuerst mit Körper und Sinnen konkret erfahren und anschliessend gedanklich verinnerlicht. Was Kinder selbst tun, prägen sie sich besser ein, denn zwischen konkreter und verinnerlichter Handlung besteht eine enge Verbindung.

Mathematische Operationen werden zuerst einmal mit Material nachgebildet, damit sie von den Kindern begriffen werden. Mit konkreten Materialien werden Probleme und Lösungswege sichtbar. Lösungswege werden dadurch handelnd nachvollzogen, verstanden und nicht etwa einfach auswendig gelernt. Die Schülerinnen und Schüler können auf diese Weise auch komplexe mathematische Probleme und Zusammenhänge im wahrsten Sinne des Wortes besser «be-greifen».

«*Wenn Kinder einen Vorgang oder eine mathematische Problemstellung eigenhändig erleben, wirklich durchschauen und gelöst haben, können sie dieses Erlebnis speichern und sich daran besser erinnern. Den Lösevorgang können sie später wieder abrufen und anwenden. Sie haben das Lösen wirklich verstanden und begriffen.*»

Verinnerlichen bedeutet ein stufenweises Annähern an abstrakte, formale Denkprozesse. Der handelnde Umgang mit konkreten Materialien ist so lange zweckmässig, bis der Lerninhalt verinnerlicht ist. Dieser Prozess verläuft nicht bei allen Kindern gleich schnell. Es ist deshalb sinnvoll, das handelnde Lernen nach individuellem Tempo und Leistungsstand einzusetzen und so zu gestalten, dass die Kinder jederzeit mit Arbeitsmaterialien selbstständig lernen können. Für leistungsschwache Schülerinnen und Schüler ist eine gewissenhafte Phase des Handelns besonders wichtig, weil meist das Umsetzen der konkreten Handlung in das – von Gegenständen losgelöste – intellektuelle Nachvollziehen besondere Schwierigkeiten bedeutet.

«*Die Kinder erlernen die Mathematik durch eigenes Handeln wirkungsvoller als durch reine Belehrung und gelenktes Erarbeiten. Wichtig sind beim Lösen von Problemstellungen die eigenständigen Versuche der Kinder. Die Kinder stützen sich über weite Strecken auf das Material. Jedes Kind kann für sich selbst entscheiden, wann es auf das Material verzichten will. Es soll jederzeit auf die Hilfsmittel zurückgreifen können.*»

Soll handelndes Lernen gelingen, ist die Qualität des didaktischen Materials zentral. Das Material ist Arbeitsinstrument und soll den Lernprozess unterstützen. Daher muss es von der Lehrperson je nach Lerninhalt sorgfältig ausgewählt und aufbereitet sein. Dabei ist bei weitem nicht nur an klassische didaktische Materialien zu denken, wie etwa an Cuisenaire-Stäbchen im Mathematikunterricht.[35] Handeln heisst Gefässe füllen und mit Hohlmassen verbinden, Wassermengen erkennen und mit Zahlen verbinden, Längenmasse ablaufen oder ganz allgemein: den Bezug zum Alltag herstellen. Die Aussagen der Lehrerinnen und Lehrer machen klar, dass sich der Lernerfolg nicht einfach durch irgendwelche Materialien einstellt. Das Material muss gezielt ausgewählt und didaktisch sinnvoll eingesetzt werden.

Das handelnde Lernen führt aber zu weit mehr als zur Veranschaulichung der Lerninhalte. Beim aktiven Umgang mit Materialien können «Denkfehler» einfacher aufgedeckt und korrigiert werden. Die Kinder sind nämlich aufgefordert, selbstständig vorzugehen und die einzelnen Lernschritte mit Hilfe des Materials zu überprüfen. Meist sind zudem beim Lernen mehrere Sinne angesprochen: ordnen, legen, gehen, koordinieren, beobachten, erleben, fühlen. Lerninhalte werden vielfältig erfahren, der Lernprozess wird intensiviert. Das wiederum führt zu einem vertieften Verständnis des Inhalts.

«Handelndes Lernen ist sinnliches Lernen. Es geht darum, Material überhaupt in die Hände nehmen zu können, mit dem Körper zu erleben, zu staunen, zu hüpfen, wegzuessen, dazulegen, möglichst viele Mengen zu erleben, Dinge zu tun, Erfahrungen zu sammeln.»

Handelndes Lernen ist auf der Unterstufe praktisch in allen Bereichen der Mathematik wertvoll, sei es, wenn es darum geht, den Zahlenraum zu erschliessen, die Grundoperationen zu erlernen oder das Verständnis für Grössen und Masseinheiten zu erlangen.

«Das Rechnen mit Hohlmassen ist ein gutes Beispiel, um handelndes Lernen zu beschreiben: ‹pflotschen› am Brunnen, verschiedene Gefässe füllen, Wasseruhr

---

35 Das Cuisenaire-Material geht auf den belgischen Schulinspektor Georges Cuisenaire zurück, der in den 1950er Jahren Farbenstäbchen unterschiedlicher Länge vorgelegt hat, die aufgrund der Länge (Anzahl Einheiten von 1 cm) einer Zahl entsprechen. Das Siebnerstäbchen beispielsweise ist schwarz und 7 cm lang. Die Stäbchen unterstützen den Aufbau des Zahlbegriffs und dienen der Veranschaulichung arithmetischen Wissens. Durch Anordnen der Stäbchen werden beispielsweise einfache Grundoperationen visualisiert. www.cuisenaire.co.uk

beobachten, Wassermenge in der Badewanne oder im Schwimmbad schätzen, nachfragen und über die grossen Zahlen staunen.»

Handelndes Lernen findet oft mit Gegenständen aus der Lebensumwelt statt. Lerninhalte werden den Schülerinnen und Schülern mit Bezug zum Alltag näher gebracht: beispielsweise, wenn geometrische Körper und Figuren von zu Hause mitgebracht werden, wenn die Schülerinnen und Schüler «Schoggitaler» verkaufen oder wenn sie die Reiseroute für ihre Schulreise planen. Lernen wird zu Handeln im Alltag.

Best Practice zum handelnden Lernen
Entsprechend dem Entwicklungsalter der Kinder in der dritten Klasse, nimmt das handelnde Lernen, das Lernen mit konkreten Materialien, vor allem in der Mathematik, einen sehr hohen Stellenwert ein. Durch das handelnde Lernen werden mehrere Sinne angesprochen und Lerninhalte aktiv erfahren. Der handelnde Umgang mit Gegenständen sorgt dafür, dass die Lerninhalte in der Vorstellung verinnerlicht werden können.

Kommentar der Experten
Handelndes Lernen macht den Schülerinnen und Schülern Spass. Das Lernen im Umgang mit Materialien ist interessant, abwechslungsreich, weckt die Lernfreude und spricht verschiedene Sinne an. Es hilft, Lerninhalten anhand von Gegenständen und Handlungen näher zu kommen, sie selbstständig zu erarbeiten und schliesslich zu verinnerlichen. Je mehr Sinne beim Lernen beteiligt sind, desto besser prägen sich die Lerninhalte im Gedächtnis ein. Die Vorteile des handlungsorientierten Unterrichts sind bestechend. Sie bedeuten aber nicht, dass auf abstrakte Denkhandlungen im Unterricht und auf didaktisch aufbereitete Instruktionen verzichtet werden könnte. Handelndes Lernen bleibt immer eine Vorstufe zum formalen Denken. Es wäre falsch zu glauben, dass Kinder Mathematik besser durch Handeln als durch Instruktionen der Lehrerinnen und Lehrer erlernen würden. Unterricht, der

ausschliesslich auf den handelnden Umgang mit Materialien setzt, ist genauso chancenlos wie uneingeschränktes theoretisches, abstraktes Lernen auf Papier oder an der Tafel.

Kooperatives Lernen (3): *Erfolgreicher mit dem gemeinsamen Thematisieren von Lösungswegen*

<u>Erkenntnisse erfolgreicher Lehrerinnen und Lehrer</u>
Kooperation und Teamwork sind Schlagwörter, in die Schule und Arbeitswelt grosse Hoffnungen stecken. Der Arbeitsmarkt wünscht sich Jugendliche, die zusätzlich zu den fachlichen Qualifikationen auch fähig sind, im Team zu funktionieren und Aufträge kooperativ anzugehen. Gute Fachausbildung, soziale Kompetenzen und die Bereitschaft, in der Gruppe Höchstleistungen zu erbringen, sind Qualifikationen, auf die bereits in der Primarschule intensiv hingearbeitet wird. Der Stellenwert des kooperativen Lernens ist unter den Lehrerinnen und Lehrern dementsprechend hoch. Die differenzierten Aussagen zum Thema beweisen, dass kooperatives Lernen nicht einfach nur als Schlagwort verstanden wird, sondern als eine geeignete Lernform, mit der verschiedene Lösungswege kennen gelernt und diskutiert werden.

Beim kooperativen Lernen geht es um weit mehr als bloss darum, bestimmte Aufgaben zu zweit, zu dritt oder zu viert zu lösen. Die Gruppe wird als Quelle von Informationen genutzt. Schülerinnen und Schüler profitieren voneinander, indem sie einander ihre Lösungswege erklären. Kann ein Kind in der Gruppe seinen Lösungsweg verbalisieren, beweist es, dass es ein Problem verstanden hat. Gelingt es ihm zudem, einen Sachverhalt den andern verständlich darzustellen, dann profitieren alle davon.

«Kooperation bedeutet, Hand in Hand zu arbeiten. Die Kinder erarbeiten gemeinsam Lösungen und helfen einander. In diesem Austausch stossen verschiedene Denkweisen und Ansichten aufeinander und werden ausgehandelt. Die Kinder untereinander zeigen oft bessere und einfachere Hilfestellungen und Erklärungsmöglichkeiten als die Lehrperson.»

Beim gemeinsamen Diskutieren und Aushandeln von Lösungswegen werden die Kinder mit verschiedenen Denkweisen konfrontiert, die dazu anregen, das eigene Vorgehen zu überdenken. Die Kinder können dadurch neue Lösungswege verfolgen und ihr Wissen erweitern. Denn kooperatives Lernen bedeutet, dass nicht ausschliesslich Ergebnisse, sondern vor allem auch Lösungswege thematisiert werden. Kooperatives Lernen kann aber noch zu weit mehr führen:

«Das Lernen, Spielen und Austüfteln von Lösungen zu zweit inspiriert die Kinder und macht häufig weit mehr Spass als das einsame Arbeiten. Die Kinder lernen nicht nur am Unterrichtsinhalt, sondern sie lernen auch, sich unterzuordnen, nachzugeben, aufeinander einzugehen, Konflikte zu lösen, miteinander Lösungen zu finden. Das wirkt motivierend und fördert das Selbstvertrauen.»

Es ist leicht einzusehen, dass diese fachlichen und sozialen Ziele nur dann wirklich erreicht werden können, wenn das kooperative Lernen von der Lehrperson mit geschickten Lernarrangements und durch aktive Unterstützung angeleitet wird. Eine Klasse für die Erledigung von Aufgaben, die ebenso gut alleine gelöst werden können, in Gruppen aufzuteilen, verdient es nicht, als kooperatives Lernen bezeichnet zu werden. Kooperatives Lernen bietet der Lehrperson auch nicht etwa eine gute Gelegenheit, sich vollständig aus dem Unterrichtsgeschehen zurückzuziehen. Damit der Mehrwert der Gruppe für das Lernen genutzt werden kann, ist es unerlässlich, dass die Lehrperson die Interaktion bis zu einem gewissen Grad anleitet und überwacht.

Lernziele überprüfen (7) [→ Seite 94]

«Es ist wichtig, das Basiswissen der Schülerinnen und Schüler immer wieder zu kontrollieren und darauf die Förderung abzustimmen. Doch zu viele Tests können Stress und Leistungsdruck verursachen. Es gibt auch andere Methoden, womit ersichtlich wird, wo ein Kind steht und wo es noch Schwierigkeiten hat.»

Deborah Etter, 29 / Schulhaus Mühlebach, Amriswil, Kanton Thurgau

05 / BEST PRACTICE: DER WEG ZUM UNTERRICHTSERFOLG

Kooperatives Lernen wird häufig in der Mathematik eingesetzt, weil es sich für das Problemlösen, Forschen und Entdecken besonders gut eignet. Ideal sind Aufgaben, die zu zweit oder in der Gruppe einfacher und besser gelöst werden können als allein. Doch auch im Deutschunterricht werden die Vorteile des kooperativen Lernens genutzt.

«Bei mir gibt es wöchentlich einen Mathematik-Parcours mit zum Teil gleichen, zum Teil neuen Posten. Dieser Parcours wird zu zweit bestritten. Die Posten wechseln sich ab: nach einem anstrengenden Posten folgt ein spielerischer Posten. Das spornt die Kinder an.»

«Der Deutschunterricht eignet sich hervorragend für kooperatives Lernen. Sprachen sind die Basis jeder Kommunikation: Was erzählt wird, soll auch gehört werden, was geschrieben wird, soll auch gelesen werden. Zugleich sollen auf erzählte und geschriebene Geschichten Rückmeldungen gegeben werden.»

Die Kommunikation verläuft nicht ausschliesslich zwischen Kind und Lehrperson, sondern findet innerhalb der Klasse statt. Die Schülerinnen und Schüler werden angeregt, echte Kommunikation aufzubauen, aufeinander einzugehen, Fragen zu stellen, aber auch Konflikte zu lösen. Durch das kooperative Vorgehen werden daher nicht nur fachliche, sondern unvermeidbar auch soziale Ziele verfolgt, beispielsweise Verständnis für Schwächere gewinnen, Hemmungen abbauen, sich unterordnen oder sich einbringen, nachgeben oder auf etwas beharren, als Team ein Ziel verfolgen. Lernen zu zweit oder in der Gruppe macht häufig Spass, ist spannend und inspirierend. Es verlangt von den Kindern Selbstständigkeit und Selbstbewusstsein, von der Lehrperson, dass sie zwar vorwiegend im Hintergrund agiert, die fachlichen und sozialen Ziele aber nicht aus den Augen verliert.

Best Practice zum kooperativen Lernen
Das kooperative Lernen ist eine wichtige Ergänzung des Methodenrepertoires von Lehrerinnen und Lehrern, nicht etwa ausschliesslich zur Förderung der Sozialkompetenz, sondern vor allem zur Steigerung des Lernerfolgs. Kooperatives Lernen bedeutet, die Kinder aktiv in den Lehr-Lern-Prozess einzubeziehen und ihr Wissen nutzbar zu machen. Kinder teilen einander ihre Lösungswege mit, helfen und unterstützen einander. Dabei nimmt die Lehrperson eine den Lehr-Lern-Prozess begleitende Rolle ein.

Kommentar der Experten
Die Vorteile des kooperativen Lernens werden von den Lehrerinnen und Lehrern differenziert aufgezeigt, wenn auch nicht in jedem Fall gewiss ist, ob mit dem kooperativen Lernen mehr als lediglich Gruppen- oder Partnerarbeit gemeint ist. Wie auf das handelnde Lernen müssen die Schülerinnen und Schüler auch auf eine echte Kooperation vorbereitet werden. Dies ist vor allem dann der Fall, wenn es den Lehrerinnen und Lehrern gelingt, Aufgaben zu stellen, deren Lösung die aktive Beteiligung aller Schülerinnen und Schüler einer Gruppe verlangt. Denn die Gefahr beim kooperativen Lernen liegt gerade darin, dass leistungsschwächere Kinder in der Gruppe einfach umgangen werden und die Rolle von Statisten einnehmen. Umgekehrt besteht auch die Gefahr, dass sich leistungsstarke Schülerinnen und Schüler langweilen. Die Kunst des kooperativen Lernens liegt in der Gestaltung des Arbeitsauftrags, der für alle Kinder eine Herausforderung ist.

Selbstständiges Lernen (4): *Erfolgreicher mit dem Übernehmen von Verantwortung*

Erkenntnisse erfolgreicher Lehrerinnen und Lehrer
Der Prozess des Lernens kann im Unterricht sehr unterschiedlich initiiert werden, wobei etwas nie vergessen werden darf: Die Eigenaktivität von

Lernenden ist eine notwendige Voraussetzung für erfolgreiches Lernen. Lernen, das mehr als passive Aufnahme und Informationsverarbeitung sein soll, setzt Aktivität voraus. Aktives und selbstständiges Vorgehen sind notwendige Bedingungen dafür, dass das Lernen zu langfristig und flexibel nutzbarem Wissen führt. Kein Wunder, hat das selbstständige Lernen bereits in der dritten Klasse im Unterricht einen wichtigen Stellenwert. Das selbstständige Lernen wird einhellig als notwendige Voraussetzung für gute Leistungen in Mathematik und Deutsch eingestuft, wobei jedoch die Vorstellungen darüber, wie Kinder selbstständig lernen, weit auseinander gehen.

Selbstständiges Lernen wird von einem Teil der Lehrpersonen simpel mit der Einzelarbeit gleichgesetzt. Der andere Teil versteht selbstständiges Lernen weniger als eine Organisationsform und betont, dass selbstständiges Arbeiten auch zu zweit oder in der Gruppe stattfinden kann. Diese Lehrpersonen definieren selbstständiges Lernen vor allem dadurch, dass die Eigenaktivität der Kinder maximiert und die Hilfestellungen der Lehrperson auf ein Minimum reduziert wird.

«Die Kinder haben genügend Selbstsicherheit, sich selbst mit einer Aufgabe auseinander zu setzen und, falls nötig, die Hilfe am richtigen Ort zu holen. Die Schülerinnen und Schüler übernehmen die Verantwortung für ihr Lernen.»

Beim selbstständigen Lernen geht es um weit mehr als einfach darum, in eigener Regie Aufgaben zu lösen. Gedankenlos vorgegebene Muster zu kopieren, kann nicht die Methode sein, mit der erfolgreiche Lehr-Lern-Prozesse ausgelöst werden. Mit dem Ziel der Selbstständigkeit eng verbunden ist nämlich die Eigenverantwortung. Die Schülerinnen und Schüler sollen zur Einsicht gelangen, dass sie für sich selbst lernen und erfolgreiches Lernen kaum ohne ihre Aktivität und ihr Engagement möglich ist. Unterstützt wird dieses Vorhaben, wenn die Schülerinnen und Schüler zudem ihren Lernprozess und Lernerfolg selbst kontrollieren können. Absichten, die bereits seit

Generationen bestehen, bisher in der Schule aber mit mehr oder weniger Erfolg verfolgt wurden.

Das selbstständige Lernen bietet eine hervorragende Möglichkeit, den individuellen Bedürfnissen der Kinder gerecht zu werden. Die Kinder arbeiten zur gleichen Zeit an unterschiedlichen Aufgaben. Wenn sie versuchen, selbstständig eine Aufgabe zu bewältigen, wird nicht nur für sie selbst deutlich, wo sie stehen, sondern es wird auch für die Lehrperson klar. Auf dieser Grundlage kann die Lehrperson gezielt ihre individuelle Betreuung einsetzen.

«Selbstständiges Lernen bedeutet, dass die Schülerinnen und Schüler phasenweise individuell arbeiten. Sie folgen ihrem eigenen Lerntempo und lösen Aufgaben mit angepasstem Schwierigkeitsgrad.»

Selbstständigkeit ist in allen Phasen des Lernprozesses wichtig. Wenn sich im Mathematikunterricht ein Problem stellt, wird von den Schülerinnen und Schülern verlangt, das Problem anhand der gestellten Aufgabe eigenständig zu definieren und selbst einen Lösungsweg zu suchen. Ist eine Lösung nicht sofort ersichtlich, braucht es Ausdauer und Motivation, verschiedene Wege auszuprobieren, bis der beste Weg gefunden ist. Hindernisse können als Herausforderung gewertet werden und sind nicht Anlass, sofort aufzugeben. Eine Lernstrategie, die zuerst erarbeitet werden muss.

Selbst gefundene Lösungswege bilden die Basis für ein vertieftes Verstehen und eine hohe Denkflexibilität. Aufgaben möglichst ohne Hilfe der Lehrperson meistern zu können, hilft den Schülerinnen und Schülern zudem, Vertrauen in die eigenen Fähigkeiten zu gewinnen.

«Erfolge durch selbstständiges Problemlösen sind wichtig für den gesamten Lernprozess. Motiviert durch eine selbst erreichte Lösung, kann das Kind die

nächste Aufgabe bearbeiten. Lösungswege sollen nicht ‹pfannenfertig› von der Lehrperson präsentiert werden.»

Selbstständigkeit ist jedoch nicht nur beim Problemlösen gefragt, sondern auch beim Üben. Lehrpersonen wie Kinder sind darauf angewiesen, Wissenslücken zu erkennen und dementsprechend den Lerninhalt so lange durchzuarbeiten und zu wiederholen, bis er gefestigt ist. Selbstständigkeit zu Ende gedacht bedeutet, dass Selbstkontrollen anhand von Lösungsblättern vorzunehmen sind. Die Überwachung des gesamten Lernprozesses ist Bestandteil eines reflexiven und aktiven Denkprozesses. Es versteht sich, dass dieses Lernen auch im Sprachunterricht auf vielfältige Art und Weise gefördert wird:

«Die Schülerinnen und Schüler stellen einander Fragen zu gelesenen Texten, erstellen zusammen kleine Zusammenfassungen oder Vorträge, überarbeiten gemeinsam selbst verfasste Aufsätze oder diktieren einander Sätze.»

Offene Unterrichtsmethoden wie Werkstattunterricht oder das Arbeiten nach einem Wochenplan eignen sich besonders gut, um das selbstständige Lernen zu fördern. Trotz den vielen Vorteilen des selbstständigen Lernens kann diese Lernform nur phasenweise angewandt werden, denn Anleitung und Instruktion durch die Lehrperson sind und bleiben für erfolgreiches Lernen unerlässlich.

<u>Best Practice zum selbstständigen Lernen</u>
Selbstständiges Lernen ist zugleich Weg und Ziel und muss im Unterricht laufend geübt werden. Selbstständiges Lernen fördert die Bereitschaft, auch schwierige Aufgaben eigenständig anzugehen und Probleme zu lösen. Die Kinder übernehmen aufgrund des selbstständigen Lernens Verantwortung für das Lernen und gewinnen an Selbstsicherheit – zwei wichtige Voraussetzungen für den Lernerfolg in der Schule.

Kommentar der Experten
Selbständigkeit ist ein übergeordnetes Ziel, und zwar unabhängig von einer Unterrichtsmethode. Abgesehen von jenem Teil der Lehrerinnen und Lehrer, die das selbstständige Lernen nur mit einer Organisationsform – der Einzelarbeit – gleichsetzen, analysieren die befragen Lehrpersonen diese Lernform differenziert, ohne sie zu verherrlichen. Phasen der Instruktion durch die Lehrperson werden nicht als Widerspruch zur Selbstständigkeit betrachtet. Selbstständiges Lernen muss besonders gut vorbereitet und strukturiert sein. Lehrpersonen müssen jederzeit in der Lage sein, adäquate Hilfestellungen zu bieten. Ansonsten kann die gewünschte Aktivität schnell einmal ausbleiben und in eine Lethargie infolge von Über- oder Unterforderung münden. In diesem Sinne hat selbstständiges Lernen immer auch differenzierender und individualisierender Unterricht zu sein.

Lernstrategien (5): *Erfolgreicher mit dem systematischen Angehen von Aufgaben*

Erkenntnisse erfolgreicher Lehrerinnen und Lehrer
Die in unzähligen psychologischen Experimenten nachgewiesene Bedeutung von Lernstrategien für erfolgreiches Lernen zeigt Wirkung. «Lernen zu lernen» findet im Unterricht erfolgreicher Lehrpersonen auf vielfältige Art und Weise statt: geeignetes Material suchen, mathematische Probleme visualisieren, Lösungswege vergleichen, Lösungswege verbalisieren, Probleme analysieren, Fragestellungen erkennen, Lösungen abschätzen, ständiges Kontrollieren, Vermutungen aufstellen, Wörterbücher und Nachschlagewerke nutzen, Textinhalte zusammenfassen.

Schülerinnen und Schüler werden dazu angeleitet, über den eigentlichen Prozess des Lernens nachzudenken und beim Lösen von Aufgaben im Unterricht Strategien anzuwenden. Lernstrategien sind zum Teil ganz simple

Handlungen, beispielsweise das Wörterbuch zu Hilfe nehmen oder die Plausibilität von Lösungen abschätzen. Zum Teil verlangen Lernstrategien aber komplexe Denkprozesse, zum Beispiel, wenn Lösungswege reflektiert und verbalisiert werden müssen.

Lernstrategien sind Hilfsmittel und Werkzeuge, die helfen, eine Aufgabe systematisch anzugehen, ihre Aufgabenstellung zu erkennen und sie zu bewältigen. Wer Lernstrategien gezielt einsetzt, kann auch komplexe Probleme besser lösen. Kompetent eingesetzte Lernstrategien steigern die Erfolgsaussichten bei Lernprozessen. Der richtige Einsatz von Lernstrategien bei komplexen Problemen setzt zwar bis zu einem gewissen Grad logisches und flexibles Denken voraus, gleichzeitig fördert er es aber auch.

«Lernstrategien sind in Mathematik und Deutsch für den Lernerfolg von grosser Bedeutung, weil sie für die Kinder Werkzeuge und Mittel zum Lösen von Problemen sind. Die Schülerinnen und Schüler lernen, Probleme zu erkennen und diese gezielt anzugehen.»

Lernstrategien helfen, bestimmte Muster eines Problems rasch zu erkennen und dementsprechend vorzugehen. Wird beispielsweise bei einem mathematischen Problem nicht gleich nach der Lösung gesucht, sondern zuerst ein Bezug zu ähnlichen Problemen hergestellt, kann das Problem meist rasch erfasst werden. Der korrekte Lösungsweg wird dann nicht durch ein aufwändiges «Versuch und Irrtum»-Verfahren gesucht, weil taugliche Lösungswege bereits aus dem Lösen ähnlicher Probleme bekannt sind. Verinnerlichte Lösungswege können bei einem neuen Problem entweder erneut eingesetzt oder aber angepasst werden.

«Zeit wird gespart! Es entstehen rituelle Vorgehensweisen, einverleibte Abläufe. Gleiche Muster und Schlüsselwörter in der Aufgabenstellung können immer

wieder erkannt werden. Auf der Basis eines solchen ‹Sicherheitsnetzes› können aus vermittelten Lernstrategien neue, eigene Strategien entstehen.»

Lernstrategien vermitteln Sicherheit, denn sie sind als Rezepte oder Anleitungen zu verstehen, die den Lösungsweg Schritt für Schritt aufzeigen. Die Gewissheit, sich mit einer bestimmten Strategie der richtigen Lösung anzunähern, führt bei den Schülerinnen und Schülern zu Sicherheit und Selbstvertrauen. Lernstrategien helfen, Aufgaben motiviert und mit Ausdauer in Angriff zu nehmen, auch wenn die Lösung nicht sofort gefunden wird. Lernstrategien gewinnen daher vor allem beim Lösen von komplexen Problemen an Bedeutung.

Nicht alle Lernstrategien sind für alle Kinder gleich nützlich und hilfreich. Neben den im Unterricht vermittelten Strategien unterstützen auch eigene, selbst gefundene Lernstrategien den Lehr-Lern-Prozess. Dies setzt allerdings voraus, dass die Kinder dazu angehalten werden, selbstständig Lösungswege zu finden und daraus Lernstrategien abzuleiten. Wenn es den Schülerinnen und Schülern gelingt, nach intensiver Auseinandersetzung mit einem Problem adäquate Lernstrategien zu finden, dann sind diese Lernstrategien für sie auch jederzeit wieder nachvollziehbar.

Regelmässig angewendet werden Lernstrategien nach und nach automatisiert. Sie werden so zu einverleibten, rituellen Vorgehensweisen. Lernstrategien sind jedoch nicht starre Instrumente, sondern sie ändern und entwickeln sich. Es entstehen immer neue, verfeinerte und komplexere Strategien. Je mehr Lernstrategien zur Verfügung stehen, desto grösser wird die Chance, ein Problem selbstständig zu lösen.

Wichtig ist aber nicht nur die Anzahl abrufbarer Lernstrategien, sondern auch deren flexibler Einsatz. Allgemeine Lernstrategien müssen in unterschiedlichen Situationen eingesetzt und flexibel an die Aufgabenstellung an-

Individualisieren (8) [→ Seite 99]

«Nicht jede Unterrichtsmethode, nicht jede Sozialform wird dem einzelnen Kind gleichermassen gerecht. Deshalb gilt: verschiedene Unterrichtsmethoden gezielt und fächerspezifisch einzusetzen und immer das Wohl der Kinder vor Augen zu haben. Denn das wichtigste Element bleibt das Verhältnis zwischen Kind und Lehrperson.»

Eva Wohlgenannt, 44 / Schulhaus Schlatt, Widnau, Kanton St. Gallen

gepasst werden. Gewisse Lernstrategien, beispielsweise das gezielte Suchen nach fehlenden Informationen oder das Suchen nach ähnlichen Problemen, sind für den Lernerfolg in Deutsch und Mathematik, aber auch in andern Fächern zentral.

«Eine Lernstrategie im Mathematikunterricht ist die folgende: Suche dir geeignetes Material und lege beziehungsweise baue die Aufgabe nach. Manchmal fordere ich die Kinder auf, ein mathematisches Problem im Sinne eines Protokolls zu zeichnen. Die Schülerinnen und Schüler werden aufgefordert, verschiedene Lösungswege auszuprobieren. So merken sie, dass oft verschiedene Wege zum Ziel führen, und sie erfahren, dass ihnen gewisse Lösungswege besser liegen als andere.»

Im Mathematikunterricht gehört es zu den wichtigsten und immer wiederkehrenden Aufgaben, ein Problem richtig zu erkennen. Dazu werden automatisierte Fragen eingesetzt wie «Was weiss ich?» und «Was ist gefragt?». Die Problemdefinition setzt das genaue Lesen der Aufgabe voraus, ein Ziel, das auch in andern Fächern immer wieder verfolgt wird. Nachdem die Fragestellung verstanden ist, geht es um die Veranschaulichung des mathematischen Sachverhalts. Ein Problem wird handelnd nachvollzogen, indem es mit Materialien nachgelegt oder nachgebaut wird, indem es kurz skizziert wird. Die Zwischenschritte eines Lösungsweges werden kontrolliert. Endergebnisse werden auf Plausibilität überprüft.

«Im Deutschunterricht erachte ich es als wichtig, dass die Schülerinnen und Schüler lernen, sich die gewünschten Informationen selbst zu holen. Wie gehe ich vor, wenn ich mir einer Schreibweise nicht sicher bin? Wo schaue ich nach, wenn ich bestimmte Informationen benötige?»

Beispiele von Lernstrategien, wie sie häufig im Deutschunterricht angewendet werden, sind das Lautieren, wie es ab der ersten Klasse eingesetzt wird, oder das bewusste Reflektieren und Diskutieren von Texten im Leseunterricht. Beim Schreiben eines Textes sind die drei Schritte Entwurf – Überarbeitung – Reinschrift weit verbreitet, während in der Grammatik und Rechtschreibung das Nachschlagen von Regeln und Merksätzen angewendet wird.

Best Practice zum Einsatz der Lernstrategien
Erfolgreiches Lernen zeichnet sich durch den Einsatz von Lernstrategien aus. Lernstrategien sind Werkzeuge und Mittel, um Probleme systematisch und strukturiert zu lösen. Lernstrategien vermitteln den Kindern Sicherheit im Umgang mit unbekannten Aufgaben und helfen, Verantwortung für das Lernen zu übernehmen.

Kommentar der Experten
Die grosse Bedeutung der Lernstrategien für erfolgreiches Lernen ist den Lehrerinnen und Lehrern bewusst. Aufgaben nach bestimmten Regeln anpacken, einfache Hilfsmittel wie Wörterbücher richtig einsetzen, Fehler produktiv nutzen, Bekanntes und Unbekanntes notieren, Lösungswege verbalisieren, über den Lernprozess nachdenken sind Strategien, die einerseits zu besseren Leistungen führen können. Andererseits werden sie auch vorausgesetzt, soll das handelnde oder selbstständige Lernen im Unterricht erfolgreich umgesetzt werden. Dabei wird die Suche der Schülerinnen und Schüler nach eigenen Lernstrategien selten zum erhofften Erfolg führen. In einzelnen Fällen scheint dies zwar nicht ausgeschlossen. In der Regel müssen Lernstrategien aber vermittelt und immer wieder in Erinnerung gerufen werden, wobei das Ziel der Selbstständigkeit nie aus den Augen verloren werden darf.

Üben und Wiederholen (6): *Erfolgreicher mit kurzen, spielerischen Sequenzen*

Erkenntnisse erfolgreicher Lehrerinnen und Lehrer
Übung macht den Meister! So banal dieses Sprichwort in Zusammenhang mit Unterricht sein mag, so wichtig ist es, dass Inhalte vertieft, geübt und dadurch automatisiert werden. Üben wird denn auch in der Mathematik und in Deutsch zu den wichtigsten Erfolgsfaktoren gezählt, auch wenn das Üben vielleicht nicht überall zu den beliebtesten Tätigkeiten gehört und deshalb vermutlich oft vernachlässigt wird.

«Üben und Wiederholen ist leider nicht sehr attraktiv, weshalb die Gefahr besteht, dass es vernachlässigt wird.»

Diese Einschätzung mag vielfach einer Realität im Schulalltag entsprechen, sie trifft aber in keiner Weise auf den Unterricht der erfolgreichen Lehrpersonen zu. Geübt und wiederholt wird im Unterricht dieser Lehrpersonen regelmässig und auf vielfältige Art und Weise. Vielleicht wird das Üben deshalb als wenig attraktiv bezeichnet, weil es zu den zeitaufwändigsten Unterrichtstätigkeiten gehört und viel Engagement und Kreativität bei der Vorbereitung verlangt.

«Das Üben und Wiederholen eines Inhaltes ist ein Schwerpunkt im Unterricht und zugleich eine der anspruchsvollsten Tätigkeiten. Es sollte weder stur noch langweilig und dem Leistungsniveau der Kinder angepasst sein. Kreativität ist gefragt, so dass Üben nicht zur Qual wird.»

Üben bedeutet, bekannte Inhalte immer wieder aufzugreifen, wenn möglich spielerisch, spannend, abwechslungsreich. Ebenso wichtig wie die Vielfalt der Übungsanlässe ist die Hartnäckigkeit, mit der das Lernen verfolgt wird. Automatisieren und Konsolidieren von grundlegenden Inhalten verlangt

Ausdauer. Lehrpersonen stehen vor der schwierigen Aufgabe, die Freude am Üben aufrechtzuerhalten, auch wenn die Lerninhalte bekannt sind und im Unterricht regelmässig aufgegriffen werden. Kreativität ist gefragt, soll das Üben nicht zum sinnlosen Reproduzieren und aufgrund mangelnder Motivation zur Zeitverschwendung werden.

«Die Kinder sollen verschiedene Möglichkeiten zum lustvollen Üben erhalten. Ich gebe den Input, zeige ihnen, wie es geht, lernen müssen sie aber selber.»

Um die Kinder für das Üben begeistern zu können, werden verschiedene Strategien verfolgt. Einerseits wird den Kindern klar gemacht, dass das Üben ein wichtiger Teil des Lehr-Lern-Prozesses ist und in ihrem eigenen Interesse liegt. Andererseits wird Üben oft spielerisch und mit verschiedensten Materialien organisiert. Besonders wichtig ist, dass jeweils nur in kurzen Sequenzen geübt wird, dafür regelmässig und intensiv.

«In Mathematik beginnt jede Stunde bei mir mit Rechenspielen an der Wandtafel oder auf Blättern oder Kopfrechnen mit kleinen Wettbewerben. In fast jeder Stunde haben die Kinder die Möglichkeit, für mindestens 10 Minuten selbstständig zu üben.»

Attraktives Üben zu ermöglichen, gehört auch deshalb zu den anspruchsvollsten Unterrichtstätigkeiten von Lehrpersonen, weil es dem Leistungsniveau der Kinder angepasst sein muss. Damit ein Unterrichtsinhalt automatisiert und konsolidiert werden kann, muss er zuerst verstanden sein. Dies gelingt nicht allen Kindern gleich schnell: Üben muss daher wenn immer möglich individuell gestaltet werden.

Vielleicht wird das Üben im Unterricht darum häufig vernachlässigt, weil es mit sinnlosem Memorieren gleichgesetzt wird. Ohne Zweifel führt eine gedankenlose Reproduktion kaum zu einer Leistungssteigerung. Es wäre geradezu fatal, wenn sich beim Üben unkontrolliert falsche Automatismen einschleichen. Dies wird von den Lehrpersonen dadurch verhindert, dass die Ergebnisse unmittelbar kontrolliert werden.

«Übungen verbinde ich wenn immer möglich mit Selbstkontrolle: Das Kind kann sich sofort selbst kontrollieren und merkt, ob es das Geübte schon beherrscht oder nicht.»

Geübt wird im Mathematik- und Sprachunterricht nicht etwa ausschliesslich in den typischen Übungsfeldern. Das tägliche Lesen und Schreiben von Texten ist genauso Dauerbrenner im Unterricht wie das Konjugieren von Verben oder das Lernen von Rechtschreibregeln. Üben beschränkt sich in der Mathematik nicht auf die Grundoperationen und in der Sprache nicht auf Grammatik und Rechtschreibung. Was immer im Unterricht erfolgreich gelernt werden soll, schliesst eine intensive Phase des Übens und Wiederholens mit ein.

Best Practice zum Üben und Wiederholen
Die nachhaltige Vertiefung eines Inhaltes durch regelmässiges Üben gehört zu den wichtigsten und anspruchsvollsten Aufgaben von Lehrerinnen und Lehrern. Das Üben als Konsolidieren und Automatisieren verlangt einen abwechslungsreichen und lustvollen Zugang zu einem Inhalt, weil behandelte Inhalte immer wieder in den Unterricht einzubringen sind. Übungsphasen sind stets dem individuellen Leistungsstand anzupassen und so zu gestalten, dass sie die Schülerinnen und Schüler umgehend über den Lernerfolg informieren.

Kommentar der Experten
Geradezu hartnäckig weisen die Lehrerinnen und Lehrer auf die grosse Bedeutung des Übens und Wiederholens im Unterricht hin, so dass leicht der Eindruck von langweiliger Paukerei entstehen könnte. Das Gegenteil

ist der Fall: In ebenso dezidierter Form betonen sie, wie schnell exzessives, monotones und mechanisches Üben zu einer unnützen und demotivierenden Angelegenheit ausarten kann. Diese realistische Einschätzung von Notwendigkeit und Gefahr einer grundlegenden, aber nicht sehr attraktiven Unterrichtstätigkeit zeugt von einem hohen Bewusstsein bei der Unterrichtsgestaltung. Obwohl Üben und Wiederholen zur Automatisierung von Fertigkeiten führen, dank denen anspruchsvollere Lerninhalte erst in Angriff genommen werden können, wird es tatsächlich eher mit antiquiertem Unterricht in Verbindung gebracht. Zu stark lastet die Tatsache, dass Kinder nicht in jedem Fall von sich aus täglich Übungen zum Kopfrechnen wünschen oder freiwillig lesen.

Lernziele überprüfen (7): *Erfolgreicher mit möglichst grosser Transparenz*

Erkenntnisse erfolgreicher Lehrerinnen und Lehrer
«Wer den Hafen nicht kennt, in den er segeln will, für den ist kein Wind ein günstiger.» Senecas Appell zur besseren Ausnutzung der Windverhältnisse ist für effektive Lehr-Lern-Prozesse fundamental.[36] Wer im Unterricht nicht weiss, welche Ziele verfolgt werden, wird sie auch kaum erreichen. Lernziele sind Arbeitsinstrumente wie Schulbücher oder Lernstrategien. Und sie sind bei weitem nicht etwa nur eine Angelegenheit von Lehrpersonen. Auch den Schülerinnen und Schülern muss klar sein, welche Ziele sie anstreben. Gemeint sind nicht nur jene eher allgemein formulierten Ziele, wie sie etwa in Lehrplänen zu finden sind, sondern auch klar umschriebene und individuell ausgerichtete Lernziele im täglichen Unterricht.

---

36 Lucius Annaeus Seneca: römischer Philosoph, Staatsmann und Dichter, 4 v. – 65 n. Chr.

Konkrete Lernziele helfen, den Lehr-Lern-Prozess effizient zu planen und den Lernerfolg am Ende einer Lernphase anhand transparenter Kriterien zu überprüfen. Die Planung nach Lernzielen hilft, Wichtiges von Unwichtigem zu unterscheiden. Der Vergleich von Lernziel und erreichter Leistung schliesslich ermöglicht der Lehrperson eine kompetente Beurteilung und anschliessend eine gezielte Förderung der Schülerinnen und Schüler. Für die Lehrpersonen steht ausser Zweifel, dass die Kenntnis der Lernziele für alle am Lehr-Lern-Prozess beteiligten Personen wichtig ist: für sie selbst, für ihre Schülerinnen und Schüler, aber auch für die Eltern.

«Ein klares Lernziel ist für mich ein entscheidendes Arbeitsinstrument. Nur wenn ich mir über das Lernziel im Klaren bin, kann ich auch gezielt Rückmeldungen geben. Unsicherheiten bei Beurteilungen der Schülerinnen und Schüler kann ich durch das Beiziehen der Lernziele ablegen.»

In welcher Form und wie häufig Lernziele den Schülerinnen und Schülern präsentiert werden sollen, darüber sind sich die Lehrpersonen nicht einig. Ein kleinerer Teil der Lehrpersonen achtet weniger darauf, ihren Schülerinnen und Schülern sämtliche Lernziele bekannt zu machen. Die Mehrheit aber strebt eine möglichst grosse Transparenz an. Diese Lehrpersonen sind der Überzeugung, dass die Kenntnis der Lernziele die Verantwortung für das eigene Lernen fördert, vor allem, wenn die Schülerinnen und Schüler selbst überprüfen können, ob sie die Lernziele erreicht haben oder nicht. Lernziele tragen auch dazu bei, gewisse Vorgehensweisen im Unterricht besser zu verstehen. Aufgrund der Lernziele wissen die Kinder, was sie im Unterricht erwartet, und können sich darauf einstellen.

«Den Kindern muss klar sein, was am Ende einer Lernphase erreicht werden soll. Die Feinziele von Mathematik und Deutsch, die in den meisten Fällen schriftlich vorliegen, bespreche ich mit den Kinder. Die Kinder geben am Ende

einer Lernphase an, was sie erreicht haben, was interessant war, was nächstes Mal besser gemacht werden muss.»

Werden die Lernziele zudem schriftlich abgegeben, erhalten sie mehr Verbindlichkeit und Bedeutung. Bei mündlich mitgeteilten Zielen besteht die Gefahr, dass sie nicht von allen Schülerinnen und Schülern aufgenommen werden oder dass sie im Verlauf einer Lerneinheit vergessen gehen.

Die meisten Lehrpersonen sind überzeugt, dass auch die Eltern über die Ziele des Unterrichts zu informieren sind. Sie nutzen deshalb die Elternabende zu Beginn des Schuljahres, um über allgemeine Ziele des Unterrichts zu informieren. Allerdings beschränken sie sich dabei auf die Präsentation der Grobziele, jener Ziele also, die am Ende des Schuljahres erreicht werden sollen, während die Schülerinnen und Schüler über Feinziele – Ziele der Lerneinheiten – informiert werden. Durch das Offenlegen der Grobziele können die Eltern in die Verantwortung des Lernprozesses ihrer Kinder eingebunden werden. Die angestrebten Feinziele können sie zusätzlich durch den Einblick beispielsweise in die Hausaufgaben oder in einen Wochenplan erfahren.

«Die Eltern erfahren jeweils am Elternabend die Grobziele des Schuljahres. Läuft ein Kind Gefahr, ein Lernziel nicht zu erreichen, kontaktiere ich die Eltern sofort und halte sie an, mit dem Kind zu Hause den betreffenden Lerninhalt zu üben.»

Die Abgabe von Lernzielen hat nicht nur Vorteile. Zu kurz gesteckte Ziele können einengend wirken und den Lernprozess blockieren. Ebenso soll die Anzahl der Lernziele dosiert sein. Kinder dürfen nicht mit Lernzielen überhäuft werden, denn dies hätte höchstens eine negative Wirkung im Sinne von Überforderung zur Folge. Auch lernzielfreies Lernen soll im Unterricht

Unterrichtssprache (9) [→ Seite 103]

«Da ich aus Deutschland komme, bleibt für mich gar keine andere Wahl, als hochdeutsch zu sprechen. Für die Kinder war es von Anfang an eine Selbstverständlichkeit, mit mir ebenfalls hochdeutsch zu sprechen. Ich musste die Kinder nie dazu zwingen, sie gaben sich von Anfang an sehr grosse Mühe. Auch die Eltern und die Schulpflege und andere Lehrer sagen mir oft, dass sie staunen, wie selbstverständlich und gut die Kinder hochdeutsch sprechen und was für ein Glück die Kinder hätten, dass sie eine deutsche Lehrerin haben.»

Heike Jirku-Kottmann, 35 / Schule Oberlunkhofen, Kanton Aargau

Platz haben – Zeit, in der die Produktivität und die Leistung nicht im Vordergrund stehen.

Lernziele bilden die Basis für den weiteren Lernprozess und dienen auch der Überprüfung von Lerninhalten. Regelmässige Lernkontrollen helfen zu entscheiden, welche kurzfristigen Schwerpunkte im Unterricht zu setzen sind. Sie sind Instrumente, die zu Wissen darüber führen, welche Fördermassnahmen sich bei den einzelnen Schülerinnen und Schülern aufdrängen.

«Nach jeder kleineren und grösseren Unterrichtseinheit überprüfe ich den Wissensstand der Klasse mit einem Test. Dadurch bin ich jederzeit über den jeweiligen Leistungsstand der einzelnen Kinder informiert und kann mit entsprechenden Massnahmen Defizite sofort auffangen.»

Lernkontrollen dienen nicht nur der Standortbestimmung, sondern auch der Bewertung einer Leistung. Trotzdem haben sie weniger den Charakter der Prüfung, unterscheiden sich nicht wesentlich von bekannten Unterrichtsmaterialien und bieten somit Gelegenheit, den Lerninhalt einer Einheit zu üben und zu festigen. Lernkontrollen dürfen weder als Druckmittel zur Disziplinierung eingesetzt noch als notwendiges Übel betrachtet werden, denn sie sind Teil des erfolgreichen Unterrichts, davon sind die Lehrpersonen überzeugt. Damit den Kindern der richtige Stellenwert der Lernkontrollen im Unterricht plausibel wird, müssen sie die Chance erhalten, aus den Fehlern zu lernen. Ihnen muss klar sein, dass Lernkontrollen hilfreiche Instrumente des Lernprozesses sind, die aufzeigen, was verstanden wurde und wo noch Lücken sind.

«Es ist wichtig, das Basiswissen der Schülerinnen und Schüler immer wieder zu kontrollieren und darauf die Förderung abzustimmen. Doch zu viele Tests können Stress und Leistungsdruck verursachen. Es gibt auch andere Methoden, womit ersichtlich wird, wo ein Kind steht und wo es noch Schwierigkeiten hat.»

Lernkontrollen führen aber nicht nur zu Informationen über die Leistungen der Schülerinnen und Schüler, sondern auch über die Unterrichtsqualität. Lehrpersonen erhalten mit dem Klassenergebnis eine Rückmeldung über ihre eigene Tätigkeit. Die Ergebnisse der Lernkontrollen sind immer auch ein Indikator dafür, ob der Lerninhalt erfolgreich vermittelt werden konnte. Daher ist es schwierig, die Leistungen aus Lernkontrollen zu beurteilen. Es lässt sich nämlich nicht eindeutig bestimmen, ob bei besserem Unterricht die Schülerinnen und Schüler nicht zu mehr fähig gewesen wären. Lernkontrollen müssen daher sorgfältig konstruiert und gehandhabt werden.

Neben Lernkontrollen bietet der Unterrichtsalltag weitere Gelegenheiten zu erkennen, wo die Kinder stehen, sei es durch die Kontrolle der Hausaufgaben oder durch mündliches Abfragen. Obwohl die Überprüfung der Ziele durch die Lehrpersonen notwendig ist, darf die gezielte Selbstreflexion der Kinder nicht vergessen werden. Reflexion hilft, die Verantwortung für das eigene Lernen zu übernehmen, und vermindert dadurch nicht zuletzt den Leistungsdruck.

Best Practice zum lernzielorientierten Vorgehen
Lernzielorientiertes Vorgehen heisst den Schülerinnen und Schülern die Ziele bekannt geben und verständlich machen, die Ziele überprüfen und über die Erreichung der Ziele informieren. In diesen Prozess sind auch die Eltern in geeigneter Form einzubeziehen. Regelmässige Lernkontrollen in Form von Prüfungen und Tests führen ausserdem zu grundlegenden Informationen über die Unterrichtsqualität und den Leistungsstand der Schülerinnen und Schüler. Das Wissen aus Lernkontrollen ist eine Voraussetzung für die Abstimmung individueller Förderprogramme. Lernkontrollen, sofern sie förderorientiert ausgerichtet sind, erleichtern es den Schülerinnen und Schülern zudem, Fortschritte zu erkennen und Verantwortung für das Lernen zu übernehmen.

Kommentar der Experten
Die Notwendigkeit, Ziele zu setzen und zu überprüfen, kann von Lehrerinnen und Lehrern kaum bestritten werden. Trotzdem überrascht die klare Haltung der Mehrzahl der Lehrpersonen, dass die Lernziele den Schülerinnen und Schülern im täglichen Unterricht bekannt sein müssen und die Erreichung der Lernziele überprüft werden muss. Wird der hohe Stellenwert des selbstständigen Lernens im Unterricht berücksichtigt, der ja zum Ziel hat, dass die Schülerinnen und Schüler vermehrt Verantwortung für ihren eigenen Lernprozess übernehmen, kann erfolgreiches Lernen ohne klare und transparente individuelle Lernziele der Schülerinnen und Schüler allerdings kaum stattfinden. Eine realistische Selbstwahrnehmung der Schülerinnen und Schüler ist zudem die Voraussetzung für die erfolgreiche Reflexion und Steuerung des Lernprozesses. In diesem Sinne erfüllt der achtsame Umgang mit Lernzielen verschiedene Funktionen und legt auch einen Sockel für den erfolgreichen Einsatz offener Unterrichtsmethoden.

Individualisieren (8): *Erfolgreicher mit dem Anpassen des Unterrichts an den Leistungsstand und die Bedürfnisse*

Erkenntnisse erfolgreicher Lehrerinnen und Lehrer
Von zwanzig Kindern, die in die erste Klasse eintreten, können fünf bereits besser lesen, als es gemäss Lehrplan am Ende der ersten Klasse erwartet werden kann. Bereits bei Schuleintritt lassen sich zwischen den Kindern grosse Leistungsunterschiede feststellen, die im Laufe der Zeit eher noch grösser werden. Klar, dass Lehrerinnen und Lehrer nur dann erfolgreich sein können, wenn sie ihren Unterricht dem individuellen Leistungsstand und den Bedürfnissen der Kinder anpassen. Individualisieren und Differenzieren ist eine Selbstverständlichkeit. Aber wie lässt sich diese kaum bestrittene Maxime bei zwanzig Kindern in einer Klasse umsetzen? Drei Aspekte setzen die Lehrerinnen und Lehrer ins Zentrum der Diskussion: differenzierten Ein-

satz der Unterrichtsmethoden, förderdiagnostisches Vorgehen im Unterricht und Nutzung des Wissens von Fachpersonen aus Heilpädagogik, Logopädie und Schulpsychologie.

Unterrichtsmethoden eignen sich je nach zu vermittelndem Lerninhalt und je nach Leistungsfähigkeit der Kinder unterschiedlich gut und müssen differenziert eingesetzt werden.

«Nicht jede Unterrichtsmethode, nicht jede Sozialform wird dem einzelnen Kind gleichermassen gerecht. Deshalb gilt: verschiedene Unterrichtsmethoden gezielt und fächerspezifisch einzusetzen und immer das Wohl der Kinder vor Augen zu haben. Denn das wichtigste Element bleibt das Verhältnis zwischen Kind und Lehrperson.»

Die differenzierte Wahl der Methode garantiert allerdings noch keinen Erfolg, berücksichtigt auch nicht zwingend individuelle Bedürfnisse. Der Erfolg stellt sich erst dann ein, wenn auch das Verhältnis zwischen Lehrperson und Kind stimmt und den Lehr-Lern-Prozess unterstützt. Offene Unterrichtsmethoden bieten eine besonders gute Gelegenheit, auf individuelle Bedürfnisse einzugehen und mit Kindern einzeln oder in kleinen Gruppen zu arbeiten. Dabei geht es in einem ersten Schritt um die individuellen Lehr-Lern-Prozesse, die minutiös geplant und umgesetzt werden. Im zweiten Schritt wird geprüft, wie gut die individuellen Ziele erreicht und welche weiteren individuellen Massnahmen getroffen werden müssen.

«Meist sind es mehrere Kinder, welche die gleichen Schwierigkeiten haben und mit demselben Übungsmaterial arbeiten können. Dies dauert häufig einige Lektionen lang. Danach fragen sich die Kinder gegenseitig ab, oder ich führe eine kleine Nachkontrolle durch. Mit diesem Vorgehen strukturiere ich den Aufbau von jedem Sprachthema.»

Grundlage für Individualisieren und Differenzieren bildet die diagnostische Tätigkeit der Lehrerinnen und Lehrer. Damit Unterricht individuell geplant werden kann, braucht es fundierte Diagnosen und differenziertes Wissen über den Leistungsstand der Kinder.

«Ich nehme meist geschriebene Texte der Schülerinnen und Schüler, selten auch auf Tonband gelesene Texte, und schaue mir diese genau an. Ich streiche auffällige Stellen an, positive und negative. Mit Hilfe des Linguoskops (aus dem Deutschlehrmittel ‹Sprachfenster›) kann ich die Stärken und Schwächen jedes Kindes den Aspekten der Sprachfähigkeit zuordnen und individuelle Trainingsaufträge zusammenstellen.»

Individualisieren und Differenzieren bedeutet nichts anderes, als Ziele individuell zu setzen und zu überprüfen, den Lehr-Lern-Prozess Schritt für Schritt zu kontrollieren und nach den Bedürfnissen der Kinder auszurichten. Diese Tätigkeit verlangt von den Lehrerinnen und Lehrern fundierte Diagnosekompetenzen. Bei Kindern mit Lernschwierigkeiten oder bei fremdsprachigen Kindern nutzen einige der Lehrerinnen und Lehrer auch die Möglichkeit, Fachpersonen für Heilpädagogik, Logopädie oder Schulpsychologie beizuziehen und die Förderung der Kinder zu zweit festzulegen. Dabei wird klar, dass die individuelle Betreuung durch eine Fachkraft nicht einfach zu einem raschen Anstieg der Leistungen der Schülerinnen und Schüler führt, sondern auch zu einer Anpassung des eigenen Unterrichts – mit dem Ziel, dass Frustration durch Über- oder Unterforderung verhindert werden kann.

«Neben den entsprechenden Förderkursen mit Fachlehrkräften bleiben auch im Unterricht Möglichkeiten, Schwächen zu berücksichtigen. Im Bereich Rechtschreibung wird an den individuellen Fehlern geübt, die sehr Schwachen müssen nicht alle Fehler verbessern, um Überforderung zu vermeiden. Beim

Aufsatz schreibe ich individuelle Tipps zur Verbesserung darunter, die je nachdem mehr oder weniger anspruchsvoll sind.»

Die regelmässige diagnostische Tätigkeit führt bei den Lehrerinnen und Lehrern zu Erfahrungen und Wissen über die Kinder. Nach und nach können die Lehrpersonen daher besser abschätzen, wie neue Lerninhalte von den einzelnen Schülerinnen und Schülern bearbeitet werden. Unterricht und Förderangebote, die dem Leistungsstand entsprechen, sind motivierend und führen zu Erfolgserlebnissen. Der Aufwand für Individualisierung und Differenzierung ist zwar enorm, doch zahlt er sich spätestens dann aus, wenn durch die individuelle Ausrichtung des Unterrichts Motivation und Freude gesteigert und Aggression und Schulunlust verhindert werden können.

Best Practice zum Individualisieren
Individualisieren und Differenzieren bedeutet vor allem den Unterricht vermehrt auf die Stärken und Schwächen einzelner Kinder ausrichten, diagnostizieren und fördern. Durch Diagnostizieren werden individuelle Qualitäten und Defizite bei Kindern festgestellt, in der Regel auch mit Hilfe von Fachpersonen. Zwei Personen können Kinder besser beobachten und zuverlässiger beurteilen. Ein auf Beobachten und Diagnostizieren abgestimmtes Förderangebot entlastet die Lehrpersonen und führt bei den Schülerinnen und Schülern zu einer Leistungssteigerung.

Kommentar der Experten
Individualisieren und Differenzieren ist eng an ein lernzielorientiertes beziehungsweise förderdiagnostisches Vorgehen im Unterricht gebunden. Damit wird klar, dass Individualisieren und Differenzieren weit mehr als eine einfach umsetzbare Unterrichtsmethode ist: Bevor im Unterricht Neuland betreten werden kann, muss sorgfältig und regelmässig überprüft sein, ob das erforderliche Basiswissen vorhanden ist, und zwar bei jedem einzelnen Kind. Dazu werden sowohl Unterrichtshilfen als auch – insbesondere bei

Lernschwierigkeiten – Fachpersonen beigezogen. Diagnosekompetenzen der Lehrerinnen und Lehrer sind für den individualisierenden und differenzierenden Unterricht genauso wichtig wie Sachkompetenz, Klassenführungskompetenz und didaktische Kompetenz. Erst eine präzise Diagnose macht es möglich, richtige Massnahmen zu treffen und den Unterricht didaktisch geschickt auf die Bedürfnisse der Schülerinnen und Schüler auszurichten.

Unterrichtssprache (9): *Erfolgreicher mit dem konsequenten Gebrauch von Hochdeutsch*

Erkenntnisse erfolgreicher Lehrerinnen und Lehrer
Hochdeutsch oder Dialekt im Unterricht? – eine Debatte, die seit Bekanntwerden der schlechten Lesekompetenzen von Schweizer Jugendlichen in PISA auf höchster politischer Ebene geführt wird. Der Gedanke, dass bereits ab der ersten Klasse im Unterricht nur noch hochdeutsch gesprochen werden soll, wird da und dort mit Befremden entgegengenommen. Die Lehrerinnen und Lehrer sind allerdings davon überzeugt, dass der konsequente Gebrauch von Hochdeutsch für die guten Ergebnisse in Deutsch, aber auch in der Mathematik von besonderer Bedeutung ist. Es besteht Einigkeit, dass der Unterricht von der ersten Klasse an auf Hochdeutsch zu erfolgen hat. Die Lehrpersonen verlangen auch von ihren Schülerinnen und Schülern, sich hochdeutsch auszudrücken.

«Da ich aus Deutschland komme, bleibt für mich gar keine andere Wahl, als hochdeutsch zu sprechen. Für die Kinder war es von Anfang an eine Selbstverständlichkeit, mit mir ebenfalls hochdeutsch zu sprechen. Ich musste die Kinder nie dazu zwingen, sie gaben sich von Anfang an sehr grosse Mühe. Auch die Eltern und die Schulpflege und andere Lehrer sagen mir oft, dass sie staunen, wie selbstverständlich und gut die Kinder hochdeutsch sprechen und was für ein Glück die Kinder hätten, dass sie eine deutsche Lehrerin haben.»

Der konsequente Gebrauch von Hochdeutsch ist für die meisten Lehrpersonen bereits ab der ersten Klasse eine Selbstverständlichkeit, schliesslich gehört die schriftliche und mündliche Ausdrucksweise zu den wichtigsten Zielen der Schule überhaupt. Die Hochsprache wird erst durch deren konsequente Anwendung stets geübt. Je mehr im Unterricht hochdeutsch gesprochen wird, umso besser kann dieses Ziel auch erreicht werden.

«Die Kinder bekommen früher ein Gefühl für die geschriebene Sprache, das heisst, bevor die meisten schon Sätze in der hochdeutschen Sprache schreiben, können sie diese in der mündlichen Formulierung üben. Unterricht in der Hochsprache ist somit der Schlüssel zu einer guten verschrifteten Sprache.»

Sich in Hochdeutsch ausdrücken zu können, wird als grosser Vorteil beim Erlernen des schriftlichen Ausdrucks erachtet. Je besser sich die Schülerinnen und Schüler in Hochdeutsch unterhalten können, umso leichter fällt es ihnen, sich schriftlich auszudrücken. Spracherwerb erfolgt zuerst über das Hören, dann über das Sprechen und letztlich auch über das Schreiben. Das stete Sprechen in Hochdeutsch fördert sämtliche Bereiche der Sprache wie das Beherrschen der Grammatik, die Rechtschreibung, die Satzbildung oder den Wortschatz.

«Meist entspricht die Satzstellung oder die Wortwahl im Dialekt nicht der korrekten Form in der Schriftsprache. Nur durch Kopieren und Nachahmen der Hochsprache erwerben die Kinder allmählich die richtigen Formen sowie das Verständnis für die Sprache.»

Die Kinder scheuen sich in der Regel keineswegs, hochdeutsch zu sprechen. Das Erlernen einer Sprache hat für die Schülerinnen und Schüler etwas Spielerisches und Spannendes. Diese Motivation wird von den Lehrpersonen genutzt. Das Verwenden von Hochdeutsch im Unterricht kann zwar für einige Kinder zuerst auch eine Hemmschwelle bedeuten. Das Hochdeutsche

Disziplin (10) [→ Seite 108]

«Die Schülerinnen und Schüler schätzen klar definierte Regeln. Auch die Eltern bevorzugen eher strengere Lehrpersonen. Unter streng verstehe ich, dass die Lehrkraft eine klare Linie verfolgt und vereinbarte Regeln fair durchsetzt. Regeln vereinfachen den Tagesablauf und ermöglichen die Konzentration auf das Wesentliche. Die Kinder sollen merken, dass sie das Zusammenleben in der Schule und dessen Regeln mitgestalten dürfen.»

Katharina Roth, 29 / Primarschule Wilchingen, Kanton Schaffhausen

wirkt jedoch nur durch den steten Gebrauch nicht mehr als Fremdkörper und führt zu einem angstfreien und natürlichen Umgang.

«Bevor wir irgendetwas aufschreiben können, müssen wir es sagen können. Das ist mein Credo. Ich spreche sehr gerne hochdeutsch und tat dies von Anfang an. Ich ermuntere die Kinder ebenfalls von Anfang an, in dieser Sprache zu sprechen, und versuche, sie so oft und so lange wie möglich zum Sprechen zu bringen. Es gelang: Hochdeutsch wurde zur Alltagssprache.»

Der konsequente Umgang mit Hochdeutsch wirkt sich nicht nur auf die Leistungen im Fach Deutsch aus. Auch in der Mathematik profitieren die Schülerinnen und Schüler vom Hochdeutsch. Wenn sie einen Lösungsweg präzise und mit Fachausdrücken zu beschreiben haben, müssen sie den mathematischen Inhalt genau verstanden haben. Komplexe Zusammenhänge strukturiert in Worte zu fassen, fördert umgekehrt wieder die Sprachkompetenz.

«Die Schülerinnen und Schüler können sich in Hochdeutsch präziser ausdrücken. Dies ist deshalb wichtig, weil sich die Mathematik durch Präzision auszeichnet. Die Rechengeschichten oder ‹Sätzliaufgaben› sind ja ebenfalls in Hochdeutsch abgefasst, also können sie ruhig auch auf Hochdeutsch durchdacht und bearbeitet werden.»

Mathematikaufgaben stellen sich bereits auf der Unterstufe oft in einem sprachlichen Kontext. Das Lösen von Testaufgaben ist auch von der Sprachkompetenz abhängig. Deshalb ist es wichtig, dass die Kinder die Aufgabentexte selbstständig lesen und verstehen lernen. Die Mathematik bietet wie alle anderen Fächer ein gutes Übungsfeld für den Sprachunterricht.

Ein Unterricht in Dialekt führt gemäss den Aussagen der meisten Lehrpersonen zur Vernachlässigung verschiedenster Bereiche der Sprachkompetenz:

Der Wortschatz wird weniger gepflegt, das Textverstehen wird vermindert, das Gefühl für den schriftlichen Ausdruck wird reduziert, das Sprechen in vollständigen, klar strukturierten Sätzen wird vernachlässigt, das Anwenden der korrekten Fälle und der Zeitformen findet nicht statt – kurz: Das konsequente Üben einer zentralen Schlüsselkompetenz wird unterlassen. Dies führt dazu, dass keine Angewöhnung an die hochdeutsche Sprache stattfindet und das Hochdeutsche immer etwas Besonderes bleibt. Davon betroffen sind vor allem fremdsprachige Kinder, die dem Unterricht schlechter folgen können und zudem mit zwei Fremdsprachen – Dialekt und Hochdeutsch – konfrontiert sind.

«Ich versuche in der ersten Klasse möglichst oft hochdeutsch zu sprechen. Allerdings ist auf dieser Stufe das Durchhalten sehr schwierig, weil die Kinder ihre Gefühle, Erlebnisse oder Probleme besser und ungezwungener im Dialekt ausdrücken können. Da gilt der Ausspruch ‹reden, wie einem der Schnabel gewachsen ist›.»

Trotz den zahlreichen Vorzügen, die ein konsequenter Gebrauch von Hochdeutsch mit sich bringt, sprechen auch einige Argumente für die Kommunikation in Dialekt. So sehen einige Lehrpersonen bei Angelegenheiten, in denen Gefühle oder persönliche Erlebnisse mitgeteilt werden, oder in lockeren Situationen wie in der Pause, im Zeichnen und Turnen oder im Klassenlager Vorteile im Dialekt. Zudem wird der Dialekt auch deshalb im Unterricht ab und zu bevorzugt, weil er als Teil des schweizerischen Kulturguts betrachtet wird, der gepflegt werden soll. Alles in allem ist die Bereitschaft gross, im Unterricht hochdeutsch zu sprechen. Ganz ohne Dialekt kommen aber nur jene Klassen aus, deren Lehrpersonen deutscher Muttersprache sind.

Best Practice zur Unterrichtssprache
Die Verwendung von Hochdeutsch im Unterricht ist eine notwendige Bedingung für den Lernerfolg, nicht nur in Deutsch, auch in der Mathematik und

in allen anderen Fächern. Die konsequente Verwendung von Hochdeutsch im Unterricht führt zu einem natürlichen Umgang mit der Sprache, was durch die hohe Motivation der Kinder bei Schulbeginn unterstützt wird. Zudem wird der Zugang zur schriftlichen Sprache und zu Sprachregeln (Satzarten, Satzaufbau, Rechtschreibung) erleichtert. Bei einem hohen Anteil fremdsprachiger Kinder erleichtert Hochdeutsch auch die Kommunikation ausserhalb des Unterrichts.

Kommentar der Experten
Überraschend deutlich sprechen sich die Lehrerinnen und Lehrer für den konsequenten Gebrauch des Hochdeutsch aus, und zwar im Mathematik- und im Deutschunterricht. Mit der Stellungnahme einer einzigen Lehrperson für eine gezielte Dialektförderung im Unterricht ist die grosse Mehrheit «überhaupt nicht einverstanden». Zum einen sind es Gründe der Fairness gegenüber Kindern aus immigrierten Familien, weshalb die Lehrerinnen und Lehrer im Unterricht hochdeutsch sprechen. Unterricht in Dialekt würde das Lernen dieser Kinder, das ohnehin schwierig genug ist, noch erschweren. Zum andern erhoffen sich die Lehrerinnen und Lehrer durch den Gebrauch des Hochdeutsch zu Recht einen allgemeinen Profit für das Lernen der deutschen Sprache, wobei allerdings die Unterschiede zwischen gesprochener und geschriebener Sprache und die komplizierten Transferprozesse zwischen Sprechen, Lesen und Schreiben unerwähnt bleiben.

Dass die Verwendung von Hochdeutsch im Unterricht für die Kinder durchaus zur Selbstverständlichkeit wird, zeigt sich in Klassen mit Lehrpersonen, die selbst nur hochdeutsch sprechen. Haben die Kinder keine andere Wahl, als hochdeutsch zu sprechen, dann werden sie auch ihre Gefühle auszudrücken vermögen. Es scheint, als sei das Hochdeutschsprechen im Unterricht manchmal eher ein Problem der Lehrerinnen und Lehrer als der Schülerinnen und Schüler.

Disziplin (10): *Erfolgreicher mit dem Aufstellen weniger, aber klarer Regeln*

Erkenntnisse erfolgreicher Lehrerinnen und Lehrer
Disziplin und Regeln werden im Kontext der zunehmenden Erziehungsaufgaben durch Schulen neu beurteilt. Was vielleicht vor zehn Jahren noch verpönt war, ist unter den Lehrpersonen unbestritten: Damit erfolgreiches Lernen stattfinden kann, braucht es klare Regeln, die im Unterricht Disziplin garantieren. Alle Schülerinnen und Schüler haben sich innerhalb eines festgelegten Rahmens zu verhalten. Regeln tragen zu festen Strukturen im Unterricht bei, wodurch produktives Lernen erst möglich wird.

Der hohe Stellenwert von Disziplin und Ordnung im Unterricht hat mit der Erfahrung zu tun, dass ein reibungsloser und störungsfreier Unterricht eine nicht zu unterschätzende Bedeutung für den Lernerfolg der Schülerinnen und Schüler hat. Herrscht Ruhe und Ordnung, kann die Unterrichtszeit für das Wesentliche – den eigentlichen Lehr-Lern-Prozess – eingesetzt werden. Kinder, die genau wissen, was sie dürfen und was nicht, werden weniger dazu verleitet, diese Grenzen selbst auszuloten. Indem sich alle an den gleichen Regeln orientieren, ist es weniger wahrscheinlich, dass einzelne Schülerinnen und Schüler benachteiligt oder bevorzugt werden. Neben der Schaffung von Gleichberechtigung dienen Regeln auch dazu, mit festgelegten Grenzen umzugehen. Kinder lernen, Regeln zu akzeptieren und sich diesen unterzuordnen.

Die Argumente der Lehrpersonen sind unmissverständlich und machen deutlich, dass geregelte Strukturen in hohem Masse zu einer produktiven Arbeitsatmosphäre führen, dank denen die Schülerinnen und Schüler gute Leistungen erreichen können. Die Lehrpersonen sind sich bewusst, dass sie dank Disziplin durch Regeln auch die Mehrheit der Eltern auf ihrer Seite haben. Sie wissen aber auch, dass im Allgemeinen sogar die Schülerinnen und Schüler transparente Regeln schätzen.

«Die Schülerinnen und Schüler schätzen klar definierte Regeln. Auch die Eltern bevorzugen eher strengere Lehrpersonen. Unter streng verstehe ich, dass die Lehrkraft eine klare Linie verfolgt und vereinbarte Regeln fair durchsetzt. Regeln vereinfachen den Tagesablauf und ermöglichen die Konzentration auf das Wesentliche. Die Kinder sollen merken, dass sie das Zusammenleben in der Schule und dessen Regeln mitgestalten dürfen.»

Eine wichtige Aufgabe der Lehrperson ist es, Regeln nicht als etwas Negatives zu vermitteln. Schülerinnen und Schüler sollen Disziplin und Regeln nicht als aufgesetzt und starr erleben. Im Gegenteil – die Kinder sollen den Wert von Regeln erkennen und erfahren, dass sie für produktives Lernen unerlässlich sind. Um den Umgang mit Regeln zu erleichtern, wird empfohlen, wenige, jedoch die für den Unterricht zentralen Regeln aufzustellen.

«Klare wenige Regeln im Unterricht sind förderlich für die Arbeitsatmosphäre: bei Partnerarbeit wird geflüstert; wer sich melden will, streckt auf; wir hören einander zu und reden nicht drein; wir arbeiten konzentriert und zielgerichtet. Diese Regeln genügen eigentlich schon.»

Werden Regeln nicht eingehalten, so sind die Konsequenzen vorprogrammiert. Auch das gehört zum Spiel: Neben den Regeln kennen die Schülerinnen und Schüler die Konsequenzen beim Regelverstoss. Damit die Schülerinnen und Schüler sowohl Regeln als auch die Konsequenzen als sinnvoll erachten, wird empfohlen, diese im Klassenverband gemeinsam zu diskutieren und festzulegen.

«Disziplin im Unterricht erscheint mir wichtig. Bis sich die Kinder aber in diesem von mir vorgegebenen Rahmen frei bewegen können, ohne häufiges

Übertreten der Regeln, braucht es seine Zeit. Die Konsequenzen bei einem Regelverstoss müssen klar definiert sein. Oft ist es hilfreich, die Konsequenzen in der Klasse zu bestimmen. Es ist erstaunlich, wie gut das funktioniert.»

Verstösst ein Kind gegen eine Regel, so hat es die Konsequenzen zu tragen. Dabei ist wichtig, dass die Lehrperson möglichst konsequent vorgeht und keine Ausnahmen toleriert, damit sie ihre Glaubwürdigkeit bewahrt. Gefragt ist aber nicht etwa ein hartes Durchgreifen, sondern die Verbindung von Verstoss und Konsequenz.

«Jedes Kind überschreitet hin und wieder die Grenzen. Wichtig ist, dass sie einsichtig sind, dies sind sie nur, wenn ihnen der Hintergrund einer Regel deutlich ist. Die Lehrperson muss aber auch verzeihen können. Bei mir bekommt jedes Kind immer wieder eine Chance. Was geschehen ist, muss die Lehrperson auch vergessen können. Vorausblicken ist dann die Devise und nicht zurückschauen.»

Disziplin dank Regeln mag vielleicht mit Zucht und Ordnung assoziiert werden. In der Realität bedeutet dies aber eher, dass eine Umgebung geschaffen wird, in der sich die Schülerinnen und Schüler wohl fühlen und die sie zum Lernen animiert. Klare Regeln sind zudem eine Voraussetzung dafür, dass auch offene, schülerzentrierte Unterrichtsmethoden effektiv eingesetzt werden können.

<u>Best Practice zur Durchsetzung von Disziplin</u>
Respektvoller Umgang miteinander und Disziplin sind Voraussetzungen für eine gute Arbeitsatmosphäre. Sie ermöglichen die Konzentration auf das Wesentliche: den Lehr-Lern-Prozess. Dabei helfen transparente Regeln, deren Wert von den Kindern eingesehen und unterstützt wird. Ebenso klar und von den Lehrpersonen und Kindern gemeinsam ausgehandelt sollten

die Konsequenzen sein, die beim Übertreten der Regeln zur Anwendung gelangen.

Kommentar der Experten
Regeln sind für das Zusammenleben und das Lernen in der Schule unverzichtbar. Disziplin durch klare Regeln ermöglicht eine gute Arbeitsatmosphäre, in der sich die Kinder wohl fühlen. Regeln sind allerdings nur dann hilfreich, wenn sie frühzeitig und mit der Zustimmung der Kinder aufgestellt und begründet werden. Damit Regeln wirksam sind, müssen sie zudem absolut verbindlich sein. Die Lehrerinnen und Lehrer wissen, dass die Schülerinnen und Schüler klar definierte Regeln und Strukturen schätzen, nicht zuletzt auch deshalb, weil ein regelgeleitetes Arbeiten für genügend Raum sorgt, innerhalb dessen die Kinder ihre Bewegungsfreiheit wahrnehmen können. Regeln erleichtern es, Disziplin und eine entspannte Arbeitsatmosphäre als Voraussetzungen für gute Leistungen zu schaffen.

BEST PRACTICE IN DER SCHULE

Zusammenarbeit mit den Eltern (13) [→ Seite 121]

«Ich denke, dass die Akzeptanz der Lehrpersonen und der Schule als Ganzes durch die Eltern eine zentrale Rolle spielt. Sind die Eltern zufrieden mit der Lehrperson und der Schule, kann das auf das Wohlbefinden und die Leistungen des Kindes einen positiven Einfluss haben.»

Kathrin von Bidder, 31 / Schulhaus Wasserstelzen, Riehen, Kanton Basel-Stadt

06 /
BEST PRACTICE: OPTIMALER UMGANG MIT RAHMENBEDINGUNGEN

Zusammensetzung der Klasse (11)

<u>Erkenntnisse erfolgreicher Lehrerinnen und Lehrer</u>
Die Anforderungen an die Schule sind in den letzten Jahren stark gestiegen. Zum einen wurden durch gesellschaftliche Entwicklungen auf allen Stufen des Bildungssystems Reformprozesse ausgelöst, die oft mit einem Mehraufwand für die Lehrerinnen und Lehrer verbunden sind. Zum andern ist die Schule durch die zunehmende Multikulturalität gefordert. Der Anteil Kinder und Jugendlicher aus immigrierten Familien ist in der Schweiz kontinuierlich grösser. Während 1980 rund 14 Prozent der Schülerinnen und Schüler ausländischer Nationalität waren, stieg der Anteil bis ins Jahr 2000 auf rund 21 Prozent. Keine Frage, dass sich zumindest für einen Teil der Schulen die Unterrichtssituation grundsätzlich verändert hat: mehr Schülerinnen und Schüler, die die Unterrichtssprache nur ungenügend beherrschen, weniger Kinder, die von zu Hause aus beim Lernen unterstützt werden.

Die erfolgreichen Lehrerinnen und Lehrer werten eine heterogene Zusammensetzung der Klasse allerdings auch als Chance. Dies mag mit der Tatsache zusammenhängen, dass es einem Teil der Lehrpersonen gelungen ist, trotz ungünstigen Lernvoraussetzungen der Kinder zu den 15 Klassen mit den besten Leistungen zu gehören.

«Ich schaue die Heterogenität in meiner Klasse als grosse Chance an, eine Schule des Lebens für das Leben zu führen. Es scheint mir wichtig, dass die Kinder lernen, dass wir alle verschieden sind und jeder seine Stärken und Schwächen hat.»

Sozial und kulturell durchmischte Klassen werden als echte Herausforderung betrachtet, die ein geschicktes Vorgehen im Unterricht verlangt und meist gewaltig an den Kräften zehrt. Die Zusammensetzung der Klasse wird in fast jedem Fall und meist auch ausschliesslich mit den Leistungen der Schülerinnen und Schüler in Verbindung gebracht.

« Wenn viele verschiedene soziale Schichten vertreten sind, heisst das auch, dass die Leistungsstreuung gross ist. Dies hatte bei meiner Klasse einen entscheidenden, eher negativen Einfluss auf die Ergebnisse der Klasse, vor allem im Fach Deutsch.»

Der Umgang mit grossen sozialen Unterschieden und mit der kulturellen Vielfalt gehört zweifellos zu den schwierigsten Aufgaben im Unterricht. Einem Teil der Lehrpersonen gelingt mit offenen Unterrichtsmethoden die individuelle Förderung in sozial durchmischten Klassen besonders gut. Das selbstständige Lernen gibt den Lehrpersonen mehr Zeit, sich einzelnen Schülerinnen und Schülern gezielt zu widmen. Auch das kooperative Lernen entlastet die Lehrpersonen. Bei einer günstigen Gruppeneinteilung helfen sich die Kinder gegenseitig. Zudem merken die leistungsstarken Kinder, dass es auch Kinder gibt, denen nicht alles leicht fällt. Sie können in kooperativen Lernumgebungen als Experten fungieren und den leistungsschwächeren Kindern ihre Hilfe anbieten. Die leistungsschwächeren Kinder hingegen lernen, ihre Probleme genau zu beschreiben und Hilfe aktiv zu suchen.

«Durch die Heterogenität in der Klasse haben leistungsstarke Kinder gemerkt, dass es Kinder gibt, denen nicht alles so leicht fällt, und umgekehrt. Der Clou besteht nun darin, gemeinsam einen Weg zu finden, wo sich alle wohl fühlen. So verstanden sich die Stärkeren als Experten auf ihrem Gebiet, welche Hilfestellungen und den Lernstoff in Kinderworten wiedergaben. Die Schwächeren hingegen lernten, ihre Probleme genau zu beschreiben, und vor allem lernten sie, Hilfe aktiv zu suchen und nicht einfach abzuwarten.»

Obschon mit einer individualisierenden Ausrichtung des Unterrichts und didaktischem Geschick manche Schwierigkeit aufgefangen werden kann, erschweren heterogene Klassen den Unterrichtsalltag. Der Knackpunkt besteht darin, jede einzelne Schülerin und jeden einzelnen Schüler zum Lernen und damit zu guten Leistungen zu bringen.

«Mit einer grossen Klasse und verschiedenen Leistungsniveaus zu arbeiten, ist für mich eine Frage der Organisation. Trotzdem bleibt mir während der Lektionen fast keine Zeit, mich gezielt und kontinuierlich einem Kind zu widmen.»

Verständlicherweise ist es sehr aufwändig und anstrengend, den Unterricht ständig auf individuelle Bedürfnisse ausrichten zu müssen. Vor allem die schwächeren Kinder erhalten darum in einer heterogenen Klasse nicht immer die nötige Unterstützung, denn es ist der Lehrperson oft nicht möglich, genügend Zeit für sie aufzuwenden. Immer den Spagat zwischen guten und schwachen Kindern machen zu müssen, um sowohl die leistungsstarken als auch die leistungsschwachen Kinder optimal zu fördern, kann einzelne Lehrpersonen auch überfordern und auslaugen.

Nicht nur der Lernerfolg ist in heterogenen Klassen sehr viel schwieriger zu erreichen. Heterogene Klassen führen vereinzelt auch zu mehr Spannungen und Konflikten im Unterricht. Konfliktlösung beansprucht Zeit und lenkt häufig vom Lernen ab, kann deshalb aber nicht einfach übergangen werden.

«Es entstehen immer wieder Konflikte. Wir versuchen, diese sprachlich zu bewältigen und langfristige Lösungen zu finden. Einer unserer Leitsätze lautet: Wir müssen nicht alle Kinder lieben, aber wir müssen alle Menschen respektieren.»

Konflikte müssen angesprochen und ausgetragen werden. Zwei Vorgehensweisen werden als speziell hilfreich bezeichnet: Gemeinsam in der Klasse erstellte Regeln helfen, vor allem wenn sie verbindlich sind und Regelverstösse auch Folgen haben. Zudem führt die enge Zusammenarbeit mit zugezogenen Fachpersonen (Fachpersonen für schulische Heilpädagogik) meist zu einer Entlastung.

«Mit der integrativen Schulform habe ich in meiner Klasse eine heterogene Schar. Dank der guten Zusammenarbeit mit der Heilpädagogin ist mir auch ein Stück Verantwortung abgenommen worden.»

Einigen Lehrerinnen und Lehrern gelingt es, auch diesen schwierigen Situationen im Unterricht positive Seiten abzugewinnen: Spannungen und Konflikte werden genutzt, um soziale Lernziele zu verfolgen, um nämlich Toleranz und Respekt gegenüber Mitschülerinnen und -schülern im täglichen Unterrichtsalltag zu üben.

<u>Best Practice zum Umgang mit heterogenen Klassen</u>
Die Zusammensetzung der Klasse ist für den Lernerfolg von nicht zu unterschätzender Bedeutung. Vor allem bei schwierigen Voraussetzungen in sozial und kulturell durchmischten Klassen hängt der Lernerfolg signifikant von den Rahmenbedingungen ab, beispielsweise von der Klassengrösse oder von der zusätzlichen Unterstützung durch Fachpersonen. Die Heterogenität

einer Klasse kann aber auch als Chance genutzt werden. Schwächere Schülerinnen und Schüler lernen von stärkeren, und Werte wie Toleranz, Hilfsbereitschaft und Respekt gegenüber Unbekanntem werden automatisch zu Themen im Schulalltag.

Kommentar der Experten
Den Schwierigkeiten im Unterrichtsalltag als Folge der heterogenen Lernvoraussetzungen begegnen die Lehrerinnen und Lehrer mit realistischem Blick und Optimismus. Keine Klage über zu grosse Klassen, sondern Individualisieren und Differenzieren im Unterricht. Dabei erkennen die Lehrpersonen die Grenzen einer individualisierenden Didaktik und die Gefahr der Überforderung und des zunehmenden Ausgebranntseins klar und nehmen Entlastungsangebote dankend an. Sie wissen zudem die Vorteile der Zusammenarbeit mit heilpädagogischen Fachpersonen zu schätzen. Diese aktive Auseinandersetzung mit schwierigen, aber auch unveränderbaren Rahmenbedingungen stimmt zuversichtlich. Schwierigkeiten werden sogar dazu genutzt, soziale Ziele im Unterricht zu verfolgen, beispielsweise den Umgang mit Aggressionen im Alltag zu üben. Dieser positive, aber auch bewusst aktive Umgang mit Heterogenität scheint Erfolg versprechend zu sein.

Zusammenarbeit in der Schule (12)

Erkenntnisse erfolgreicher Lehrerinnen und Lehrer
Kleine Schulen, grosse Schulen, Mehrklassenschulen, geleitete Schulen, intakte Teams, Ansammlung von Einzelkämpferinnen ... kein Wunder, wird die Bedeutung des Schulhausteams für den Lernerfolg in Mathematik und Deutsch von den ausgewählten Lehrerinnen und Lehrern eher unterschiedlich eingeschätzt. Im Laufe der letzten fünf Jahre sind in weiten Teilen der Schweiz Reformen zur Organisation von Schulen realisiert worden. Viele Schulen wurden mit Schulleitungen ausgestattet und erhielten mehr

Autonomie. Gleichzeitig mit dem erweiterten Handlungsspielraum wurden neue Formen des Qualitätsmanagements eingeführt. In einzelnen Kantonen ersetzt eine neu gestaltete Schulaufsicht das traditionelle Schulinspektorat. Schulen werden dabei regelmässig von einem Aufsichtsteam beurteilt und in ihrer Entwicklung unterstützt. Die ungleichen Rahmenbedingungen von Schulen bewirken, dass sich die Zusammenarbeit im Schulhausteam in sehr unterschiedlichen Kontexten abspielt.

Unbestritten ist, dass ein gut funktionierendes Schulhausteam verschiedene Funktionen zur Unterstützung von Lehrpersonen erfüllt. Erfolgreiche Teams wirken motivierend und inspirierend, sie fördern den Austausch von Unterrichtsmaterialien und Know-how, sie wirken sich ganz allgemein positiv auf die Arbeitszufriedenheit aus. Ein minimaler Informationsaustausch ist gar eine notwendige Voraussetzung, damit Kinder möglichst differenziert beurteilt und umfassend gefördert werden können. Der Austausch im Schulhausteam ermöglicht diese vertiefte Auseinandersetzung mit den Kindern.

«Ein gutes Schulhausteam ist für den Lernerfolg meiner Klasse insofern wichtig, als es mir gute Impulse und Ideen gibt und mich bei Problemen und Fragen mit Material und Know-how unterstützt. Das wiederum schlägt sich in der Zufriedenheit nieder, hat aber auch Auswirkungen auf mein methodisch-didaktisches Vorgehen und damit indirekt Auswirkungen auf den Lernerfolg der Schülerinnen und Schüler.»

Unbestritten ist auch, dass Lehrpersonen selbst in einem schlecht funktionierenden Schulhausteam ihre Aufgabe möglichst optimal zu erfüllen haben. Obwohl in einem erfolgreichen Team manches wesentlich leichter fällt, darf das Fehlen eines Teams keine negativen Auswirkungen auf die Leistungen der Schülerinnen und Schüler haben. Erfolgreiche Lehrerinnen und Lehrer nutzen einerseits die Vorteile eines gut funktionierenden Teams, machen andererseits den Lernerfolg im Unterricht aber nicht von einem Team abhängig.

« Wohl ist eine Lehrperson motivierter und engagierter, wenn sie sich im Team wohl und getragen fühlt, was sich auch im Unterricht auszuwirken vermag, und ein gutes Betriebsklima kann einen inspirieren und zu einer guten Laune führen. Das Schulhausteam ist aber für die Leistung sekundär und hat weder einen besonders positiven noch negativen Einfluss auf die Leistungen der Schülerinnen und Schüler.»

Das Schulhausteam hilft nur indirekt, den Lernerfolg in Mathematik und Deutsch zu verbessern. Allerdings liegt in der Zusammenarbeit von Lehrerinnen und Lehrern eine Chance. Lehrpersonen schätzen es, von anderen Lehrpersonen zu lernen und von den Erfahrungen ihrer Kolleginnen und Kollegen zu profitieren. Feedbacks und gegenseitige Unterrichtsbesuche werden als wichtige Instrumente zur Verbesserung des Unterrichts betrachtet.

«Eine gegenseitige Hospitation innerhalb des Schulhausteams zur Qualitätssicherung ist sinnvoll.»

Die Bereitschaft zur Nutzung der Erfahrungen und Kompetenzen im Schulhausteam ist unter den Lehrerinnen und Lehrern generell gross, was aber nicht mit Interesse an formeller Beurteilung verwechselt werden darf. Die Beurteilung von Lehrpersonen wird zudem nur dann als wirksames Instrument der Qualitätssicherung gesehen, wenn sie durch Fachpersonen aus der Praxis erfolgt.

«Die Beurteilung meiner Kompetenzen soll durch die Schulleitung oder durch das Kollegium erfolgen. Es sind dies die Fachleute, die die tägliche Arbeit kennen und über einen grossen Erfahrungsschatz verfügen.»

Die Beurteilung der eigenen Kompetenzen wünschen sich die erfolgreichen Lehrerinnen und Lehrer von Fachpersonen ganz im Sinne, Wissen und Erfahrungen des Kollegiums zu nutzen. Dabei kann es durchaus auch ein Vorteil sein, wenn der Unterricht und die Kompetenzen von einer Lehrperson ausserhalb des Schulhausteams beurteilt werden. Beurteilungen von Schülerinnen und Schülern, von Eltern oder von Laienbehörden wird von einigen Lehrpersonen zwar auch ein gewisser Wert zugesprochen, doch nur in beratendem Sinne. Denn die Qualität des Unterrichts in Mathematik und Deutsch kann vor allem durch Hinweise von Fachpersonen verbessert werden, die entweder selbst im Lehrberuf stehen oder sich von Berufes wegen mit pädagogischer Arbeit im Klassenzimmer auseinander setzen.

Best Practice zur Zusammenarbeit in der Schule
Verstärkte Zusammenarbeit im Schulhausteam und die Nutzung des Knowhows aller Lehrerinnen und Lehrer einer Schule können die Rahmenbedingungen für erfolgreichen Unterricht massgeblich verbessern, wenn sie auch nur indirekt für den Lernerfolg von Bedeutung sind. Es ist zwar unbestritten, dass die gute Zusammenarbeit im Schulhausteam wünschenswert ist und unterstützend wirkt. Sie ist aber keine Voraussetzung für das Erreichen guter Leistungen im Unterricht. Allerdings kann es sich auszahlen, das Know-how einer Schule für die Unterrichtsentwicklung zu nutzen. Lehrerinnen und Lehrer sind Fachpersonen für Lehr-Lern-Prozesse und damit besonders geeignet, ihren Unterricht gegenseitig zu beobachten und durch die Erfahrungen anderer für den eigenen Unterricht zu lernen.

Kommentar der Experten
Teamentwicklung an der Schule gehört zu jenen Instrumenten moderner Qualitätssicherung, die für den Lehrberuf und moderne Schulen kaum mehr wegzudenken sind. Dass das Qualitätsmanagement zu einem unverzichtbaren Bestandteil einer Schule geworden ist, wird einhellig unterstützt. Der Schwerpunkt wird jedoch unterschiedlich gesetzt. Zum einen wird der

Zusammenarbeit in der Schule (12) [→ Seite 117]

« Das gute Schulhausteam hat Einfluss auf die Stimmung im Allgemeinen, ermöglicht den Austausch von Ideen und didaktischem Material sowie die Vorbereitung gemeinsamer Schulanlässe. Für den Lernerfolg der Klasse ist hingegen die Lehrperson hauptverantwortlich.»

Peter Bosshard 59 / Schulhaus Dorf, Gais, Kanton Appenzell Ausserrhoden

soziale Rückhalt durch die Schule und die Unterstützung im Kollegium geschätzt. Zum andern wird die Nutzung des Know-hows der Kolleginnen und Kollegen und die Feedback-Kultur bei gegenseitigen Unterrichtsbesuchen als Chance für die Unterrichtsentwicklung gesehen. Dass diese Form der Reflexion von Unterricht durchaus für die guten Leistungen der Schülerinnen und Schüler verantwortlich sein kann, ist unbestritten. Zugleich wird von einigen Lehrpersonen aber erfreulicherweise deutlich darauf hingewiesen, dass letztlich jede Lehrperson für die Qualität ihres eigenen Unterrichts selbst verantwortlich ist, zumal sie guten Unterricht auch dann anzubieten hat, wenn die Rahmenbedingungen weder optimal sind noch ihren Vorstellungen entsprechen.

Zusammenarbeit mit den Eltern (13)

Erkenntnisse erfolgreicher Lehrerinnen und Lehrer

Elternabende, Einzelgespräche mit Eltern, Elternanlass in der Schule, Einbezug der Eltern in Unterrichtsprojekte, regelmässige Telefongespräche mit den Eltern ... Eine gute Zusammenarbeit mit den Eltern wird aktiv angestrebt, und zwar vor allem auch, um bessere Leistungen der Kinder zu erreichen. Die Analysen zu den schlechten Lesekompetenzen der Schweizer Schülerinnen und Schüler im PISA-Test haben wieder einmal deutlich gemacht, welch grossen Einfluss Eltern auf die Schulleistungen ihrer Kinder haben. Gemeint sind nicht etwa der Leistungsdruck von Elternseite oder die Finanzierung von Nachhilfestunden, gemeint ist ganz einfach ein grundsätzliches Interesse der Eltern an der Entwicklung und Schullaufbahn ihrer Kinder und an der Schule.

Merkt ein Kind, dass seine Eltern und seine Lehrperson «am gleichen Strick ziehen», dann fällt ihm die Orientierung in der Schule leichter. Es fühlt sich unterstützt, ist motiviert und erreicht deshalb auch bessere Leistungen.

Die Lehrpersonen wiederum stellen an die Eltern die minimale Forderung, akzeptiert zu werden. Akzeptieren die Eltern die Lehrperson, so führt dies zu einer «Basis», und auch die Schülerinnen und Schüler respektieren die Lehrperson – eine Voraussetzung, dass Lernen optimal gelingen kann.

«Ich denke, dass die Akzeptanz der Lehrpersonen und der Schule als Ganzes durch die Eltern eine zentrale Rolle spielt. Sind die Eltern zufrieden mit der Lehrperson und der Schule, kann das auf das Wohlbefinden und die Leistungen des Kindes einen positiven Einfluss haben.»

Damit Lehrpersonen aber von Seiten der Eltern Wohlwollen und Akzeptanz erfahren können, müssen die Eltern in den Lehr-Lern-Prozess ihres Kindes eingebunden werden. Die Lehrpersonen treten den Eltern mit Offenheit gegenüber, bieten bei ihrer Arbeit grösstmögliche Transparenz und gewähren Einblick in ihren Unterrichtsalltag. Sie informieren die Eltern über das Unterrichtsgeschehen, aber auch über den Lernprozess und den Leistungsstand ihrer Kinder. Die Lehrpersonen versuchen, das Interesse der Eltern am Lernprozess zu wecken, damit sie ihre Kinder beim Lernen aktiv unterstützen.

«Ein Elternabend, ein Elternanlass und mindestens ein Elterngespräch pro Schuljahr sind ein Muss, damit die Eltern einen Einblick in die Schulstube bekommen und wissen, wie es ihrem Kind in der Schule geht. Meist sind die Eltern am Wohl ihres Kindes interessiert.»

Besonders bei leistungsschwachen oder sozial auffälligen Kindern ist ein gut funktionierender Elternkontakt für erfolgreiches Lernen wichtig. So können bei disziplinarischen Schwierigkeiten mit den Eltern klare Abmachungen getroffen werden, die nicht nur in der Schule, sondern auch zu Hause gelten. Lehrpersonen und Eltern gehen Probleme gemeinsam an, stellen Regeln auf und bieten dem Kind dadurch eine Struktur über den Unterrichtsalltag hinaus. Auch wenn Lernprobleme auftreten, ist es nützlich, wenn die Eltern das

06 / BEST PRACTICE: OPTIMALER UMGANG MIT RAHMENBEDINGUNGEN

Kind unterstützen, indem sie die entsprechenden Inhalte zu Hause vertiefen und repetieren.

«Die Eltern haben ein Recht auf Information. Es ist wichtig, die Eltern immer wieder über das zu informieren, was in der Schule läuft. Vor allem bei Kindern, die Probleme bereiten, ist der regelmässige Kontakt unabdingbar. Bei einzelnen Kindern bin ich sogar wöchentlich mit den Eltern in Kontakt. Mit einem Telefonanruf zu einem fixen Zeitpunkt am Ende der Woche wird informiert, wie die Woche verlaufen ist, was gut war, was nicht gut war. Zwar ist der Aufwand gross, aber er lohnt sich in jedem Fall. Ich verlange aber auch von den Eltern, dass sie bei Projekten mithelfen. Arbeiten Eltern mit, so sind sie eher für die Arbeit der Lehrperson sensibilisiert und verstehen dann auch das Handeln in schwierigen Situationen.»

Ganz allgemein wird es als Vorteil betrachtet, wenn Eltern die Kinder in ihrem Lernprozess unterstützen, indem sie beispielsweise die Hausaufgaben kontrollieren oder nachfragen, was die Kinder in der Schule gemacht haben. Dieser Einsatz der Eltern kann längst nicht in jedem Fall als selbstverständlich vorausgesetzt werden, weil Zeit, Interesse und auch Kompetenzen der Eltern dazu manchmal fehlen. Eine aktive Elternarbeit kann je nachdem nur beschränkt gefordert werden. Schlimmer noch: Oft fehlt den Eltern jegliches Interesse an der Schule.

«Elterngespräche gestalten sich zunehmend schwieriger. Die Eltern sind nicht selten überfordert. Oft wollen oder können die Eltern ihr Kind zu Hause nicht länger unterstützen und fördern. Die Schule ist daher aufgefordert, immer mehr Erziehungsarbeit zu übernehmen.»

Besteht zwischen Eltern und Lehrperson ein eher angespanntes Verhältnis, ist das Kind diesem – zum Teil auch – unterschwelligen Konflikt ausgesetzt und muss mit den Spannungen fertig werden. Es liegt auf der Hand, dass

Lehrpersonen sich in solchen Situationen bemühen, die Unstimmigkeiten in Gesprächen möglichst schnell zu klären. Denn obwohl es immer schwieriger wird, Eltern zur Mitarbeit zu bewegen und in den Unterricht einzubeziehen, kann auf eine gute Basis zwischen Schule und Elternhaus zur Steigerung des Lernerfolgs nicht verzichtet werden.

Best Practice zur Zusammenarbeit mit den Eltern
Eine gute Zusammenarbeit mit den Eltern ist zwar für den Lernerfolg im Unterricht nicht ausschlaggebend, sie kann jedoch die Kinder in ihrem Lernprozess wirkungsvoll unterstützen. Bei Lernproblemen und disziplinarischen Schwierigkeiten sind Lehrpersonen ohnehin auf die Zusammenarbeit mit Eltern angewiesen, weil gemeinsam effiziente Lösungsstrategien gefunden und umgesetzt werden können.

Kommentar der Experten
Eine gute Zusammenarbeit zwischen Schule und Eltern wird einstimmig als wichtige Rahmenbedingung eingeschätzt, die teilweise ganz bewusst zur Steigerung der Leistungen eingesetzt wird. Besonders bei lernschwachen und schwierigen Kindern wird darauf geachtet, dass ein kongruentes Verhalten von Schule und Eltern zu einer besseren Orientierung der Kinder führt, was allerdings längst nicht in jedem Fall ohne Widerstand gelingt. Die Zusammenarbeit mit den Eltern wird zwar vor allem für Kinder aus bildungsfernen Familien immer wichtiger, leider aber auch immer schwieriger. Trotzdem entsteht der Gesamteindruck, dass die Lehrerinnen und Lehrer die Eltern auf ihre Erziehungspflichten hinweisen und sie sehr bewusst in den Lernprozess der Kinder einbeziehen, sowohl zur Unterstützung bei Verhaltensproblemen als auch bei Lernschwierigkeiten. Dabei scheuen einzelne Lehrerinnen und Lehrer keinen Aufwand und gehen so weit, dass sie sich wöchentlich mit den Eltern in Verbindung setzen. Ein Engagement, das bestimmt auch im Dienste guter Schulleistungen steht.

Die Wahl der Lehrmittel (14)

<u>Erkenntnisse erfolgreicher Lehrerinnen und Lehrer</u>
Die richtige Wahl der Lehrmittel – da sind sich die Lehrpersonen einig – beeinflusst nachhaltig den Unterricht. Lehrmittel bilden die Grundlage für die Planung und Gestaltung des Unterrichts. Weil die Lehrpersonen genaue Vorstellungen haben, was gute Lehrmittel sind, werten sie die Wahl der Lehrmittel als wichtigen Grund zur Erreichung guter Leistungen.

Mathematiklehrmittel sind dann für den Lernerfolg wirksam, wenn sie inhaltlich auf die Lernziele des Lehrplans ausgerichtet sind und quasi die Rolle des Lehrplans übernehmen. Gute Lehrmittel sind sinnvoll aufgebaut, sachlogisch strukturiert und gewähren einen kontinuierlichen Wissenserwerb, indem neue Lerninhalte stets an bereits bekannte anknüpfen. Im Spiralprinzip sollen einzelne Lerninhalte immer und immer wieder mit zunehmendem Schwierigkeitsgrad geübt werden.

«In Mathematik wird der Jahresstoff grösstenteils mit dem Mathematiklehrmittel erarbeitet. Im Fach Mathematik binde ich mich viel klarer an ein Lehrmittel und verlasse mich auf den Aufbau des Jahresprogramms.»

Gute Mathematiklehrmittel enthalten vor allem Aufgaben, die forschendes, handelndes und flexibles Lernen verlangen. Die Aufgaben regen auch eigene Lösungswege an, damit entdeckendes und selbstständiges Lernen möglich wird. Ausserdem erleichtern Aufgaben mit Alltagsbezug den Umgang mit der abstrakten Zahlenwelt. Lehrmittel müssen so aufgebaut sein, dass sie durch unterschiedlich schwierige Aufgaben Individualisieren und Differenzieren im Unterricht erlauben. Damit das Festigen von erlernten Inhalten gesichert wird, ist genügend abwechslungsreiches und vielseitiges Übungsmaterial nötig. Nicht nur inhaltlich, sondern auch optisch sollen Mathematiklehrmittel die Kinder motivieren und ansprechen.

«Das Lehrmittel soll die Kinder ansprechen, Bezüge zu ihrer Umwelt schaffen, muss sinnvolle Übungsformen und -aufgaben beinhalten und soll zum forschenden und entdeckenden Lernen anleiten.»

Die meisten genannten Forderungen an Mathematiklehrmittel gelten auch für Deutschlehrmittel. Die wenigsten Lehrpersonen kennen jedoch ein Deutschlehrmittel, das ihre hohen Anforderungen erfüllt – vor allem wenn sie ihr Urteil im Vergleich mit den hoch geschätzten Mathematiklehrmitteln fällen.

«In der Mathematik kann man sich darauf verlassen, dass das Lehrmittel hilft, die wichtigsten Lernziele des Schuljahres zu erreichen. Dieses Vertrauen ist bei den Sprachlehrmitteln nicht vorhanden. Aus diesem Grund bin ich davon abgekommen, mich auf ein einziges Sprachlehrmittel abzustützen.»

Im Gegensatz zur Mathematik spielen Lehrmittel für die guten Leistungen in Deutsch eine untergeordnete Rolle. Deutschlehrmittel müssten nicht nur alle Bereiche der Sprache abdecken und dem Lehrplan entsprechend aufgebaut sein, sie müssten auch möglichst offen konzipiert sein, also Lesetexte und Schreibanlässe enthalten, die zu einem freien und kreativen Umgang führen und aus dem Alltag der Kinder stammen. Dazu sind die vorhandenen Lehrmittel wenig geeignet. Von Deutschlehrmitteln wird zudem erwartet, dass sie Übungsmaterial zur Rechtschreibung und zur Grammatik enthalten.

Es ist vor allem der Inhalt des Faches Deutsch selbst, der es schwierig macht, sich im Unterricht an einem Lehrmittel zu orientieren. Im Gegensatz zum Lernen der Mathematik ist das Lernen der Sprache weniger von einem kontinuierlichen Aufbau bestimmter Inhalte abhängig. Teilbereiche wie Rechtschreibung oder Wortschatz ergänzen sich viel mehr, als dass sie aufbauend erlernt werden müssten. Ausserdem wird die Sprache ständig als Kommunikationsmittel eingesetzt und verwendet. Der Spracherwerb ist somit nicht nur an das Fach Deutsch gebunden. Es ist vor allem der Sachunterricht, der sich für Sprachunterricht besonders gut eignet und von den Lehrpersonen bewusst genutzt wird.

«Der Sprachunterricht erfolgt bei mir hauptsächlich durch den Sachunterricht. Im Sachunterricht ist die Sprache Mittel zum Zweck. Hier wird gelesen und geschrieben, ohne dass die Kinder dies bewusst als Schreib- und Lesetraining wahrnehmen. Die Sprache ist das Werkzeug, um sich auszudrücken oder um Informationen zu sammeln.»

Die Lernziele sind im Fach Deutsch ausserdem weniger genau definiert als in der Mathematik. Durch die Offenheit des Deutschunterrichts kann sich die Lehrperson nicht auf ein einziges Lehrmittel verlassen.

«In Deutsch verwende ich die vorgegebenen Lehrmittel (zum Beispiel Lesebuch, Sprachbuch, Arbeitsheft) eher selten. Ich stelle oft die Arbeitsblätter oder Lesetexte aus verschiedenen Quellen zusammen. Jede Lehrperson empfindet es auch anders, ob ein Text oder ein Arbeitsblatt die Kinder anspricht und motiviert.»

Aus den genannten Gründen verwenden die Lehrpersonen verschiedene Deutschlehrmittel oder eigene, dem Unterricht angepasste Materialien. Vor diesem Hintergrund wird verständlich, dass der Einfluss der Lehrmittel im Deutschunterricht weniger gross ist als in der Mathematik. Entsprechend dem Bedürfnis nach besser strukturierten Lehrmitteln besteht auch der Wunsch nach einem Instrument zur Bestimmung der sprachlichen Fähigkeiten der Schülerinnen und Schüler.

<u>Best Practice zur Wahl des Lehrmittels</u>
Lehrmittel sind für gute Mathematikleistungen wesentlich wichtiger als für gute Deutschleistungen. Dies hängt damit zusammen, dass Mathematik-

lehrmittel einen logischen Aufbau haben, der den Jahreszielen entspricht und zielgerichtet durch das Schuljahr leitet. Deutschlehrmittel hingegen werden, abgesehen vom Erlernen des Lesens in der ersten Klasse, weniger häufig eingesetzt, weil sie weniger strukturiert sind. Ausserdem werden Texte verschiedenster Herkunft bevorzugt, unter anderem auch deshalb, weil sich die vielfältigen Aufgaben im Deutschunterricht nicht in ein Lehrmittel verpacken lassen.

Kommentar der Experten
Die Diskussion über die Qualität von Lehrmitteln und deren Bedeutung für den Lernerfolg entzündet sich vor allem an der Struktur und am Aufbau der Lehrmittel. Mathematiklehrmittel werden geschätzt, weil sie den Lehrplan abbilden und die Lehrpersonen dank durchdachtem Aufbau in ihrer Arbeit unterstützen und zielgerichtet durch das Schuljahr leiten. Diese Forderungen an die Deutschlehrmittel sind zumindest für die Bereiche Kommunikation und Lesen, wenn überhaupt, keinesfalls in gleicher Weise erfüllbar, was schliesslich auch die relativ untergeordnete Bedeutung der Lehrmittel für die Deutschleistungen erklärt. Es ist zu vermuten, dass die an den Lehrmitteln geäusserte Kritik weniger die Lehrmittel an sich als vielmehr die fehlenden Möglichkeiten im Deutschunterricht betrifft, Lernergebnisse zu überprüfen.

Zusammensetzung der Klasse (11) [→ Seite 113]

«Durch die Heterogenität in der Klasse haben leistungsstarke Kinder gemerkt, dass es Kinder gibt, denen nicht alles so leicht fällt, und umgekehrt. Der Clou besteht nun darin, gemeinsam einen Weg zu finden, mit dem sich alle wohl fühlen. So verstanden sich die Stärkeren als Experten auf ihrem Gebiet, welche Hilfestellungen und den Lernstoff in Kinderworten wiedergaben. Die Schwächeren hingegen lernten, ihre Probleme genau zu beschreiben und vor allem lernten sie, Hilfe aktiv zu suchen und nicht einfach abzuwarten.»

Michaela Raiber, 31 / Schulhaus Schachen, Jona, Kanton St. Gallen

07 / BEST PRACTICE: BILANZ

Erfahrungen und Erkenntnisse erfolgreicher Lehrpersonen

<u>Rechenschaft ablegen</u>
Bestätigung, Stolz, Enttäuschung, Verunsicherung ... die Teilnahme am Projekt Best Practice löste bei den Lehrpersonen je nach Ergebnis der eigenen Klasse unterschiedliche Gefühle aus und zeigte vor allem eines: Es fehlt an Möglichkeiten, die Ergebnisse der täglichen Arbeit von aussen beurteilen zu lassen, es fehlt an Qualitätssystemen, die den Lehrerinnen und Lehrern Rückmeldungen über ihre tägliche Arbeit geben.

«Für mich und meine Klasse war dieses Projekt wichtig, weil ich einmal Rechenschaft über mich und meine Arbeit ablegen konnte. Ich unterrichte seit vielen Jahren, musste aber in dieser Form noch nie Rechenschaft ablegen.»

Die Diskussion über Qualitätssicherung im Bildungswesen wurde in den letzten Jahren vorwiegend anhand des Begriffs der Schulqualität geführt. Auslöser für die Qualitätsdiskussion waren unter anderem die zunehmenden Autonomiebestrebungen von Schulen. Die ohne Zweifel notwendige Anpassung der Organisationsform von Schulen hatte allerdings zur Folge, dass da und dort die Ebene pädagogischen Handelns übersehen wurde. Instrumente zur Evaluation der Schulleistungen und des Unterrichtserfolgs waren zumindest zu Beginn der Debatte über die Schulqualität kaum ein Thema. Nun sind es zunehmend Lehrpersonen, die das Bedürfnis äussern, Rechenschaft abzulegen.

«Wohltat und Stolz waren auch wichtig, wenn jemand kommt und sagt: ‹Hey, du machst deinen Job echt gut.›. Ich lege Rechenschaft ab, aber kriege dafür eine Form von Bestätigung zurück. Ich war schon etwas stolz.»

Nicht ohne Bedeutung ist in diesem Zusammenhang, dass die Bestätigung von aussen vorgenommen wird. Eine Massnahme, die von Politik und Wissenschaft immer wieder gefordert wird.[37] Selbst- und Fremdevaluation sind zwei sich ergänzende Elemente der Qualitätssicherung. Wenn über Schulqualität niemand von aussen entscheidet, dann wird es genauso viele gute Schulen geben, wie Schulen dies von sich behaupten.[38]

Als Behauptungen müssen auch die regelmässigen Klagen über das sinkende Niveau der Leistungen der Jugendlichen am Ende der obligatorischen Schulbildung deklariert werden. Niemand weiss genau, ob die Jugendlichen vor zwanzig Jahren die besseren Schülerinnen und Schüler waren. Ob in dieser Beziehung Vorwürfe gegenüber der Schule gerechtfertigt sind, lässt sich einzig durch eine Qualitätskontrolle anhand standardisierter Instrumente nachweisen. Schulleistungsuntersuchungen führen sowohl zu den notwendigen Grundlagen der Bildungsplanung als auch zu zentralen Informationen über die tägliche Arbeit von Lehrpersonen.

---

37 Buschor, E. (2002): Evaluation und New Public Management. *Zeitschrift für Evaluation, 1*, S. 61–73.
38 Oelkers, J. (1995): *Schulreform und Schulkritik*. Würzburg: Ergon.

«Bei uns im Dorf wurde über Niveauverlust gesprochen. Deshalb habe ich gedacht, da mache ich mit, weil ich fand, dass ich immer gleich gut gearbeitet habe. Jetzt bin ich froh, dass ich mitgemacht habe, das gab mir Bestätigung.»

Nun können sich allerdings Vorurteile gegenüber Lehrpersonen auch bestätigen und Schwachpunkte aufgedeckt werden. Diese Option kann von den Lehrpersonen verständlicherweise als Gefahr oder Bedrohung aufgefasst werden. Eigentlich ist sie aber eine Chance, sich zu verbessern. Damit schlechte Leistungen einer Klasse als Warnzeichen akzeptiert und zur Verbesserung des Unterrichts genutzt werden können, müssten Evaluation und Leistungsmessung regelmässig durchgeführt werden.

«Der Best-Practice-Ansatz sollte nicht nur dazu gebraucht werden, den Erfolgreichen auf die Schultern zu klopfen, sondern auch jenen helfen, deren Klassen nicht so gut waren. Einige Lehrpersonen haben nach der Rückmeldung darüber nachgedacht, den Beruf nach vielen Jahren an den Nagel zu hängen.»

Dass Lehrpersonen der Klassen mit schlechten Leistungen Unterstützung zur Verbesserung ihres Unterrichts erhalten müssten, ist nachvollziehbar. Dass Lehrpersonen durch das einmalige Ergebnis einer Evaluation gleich den Beruf aufgeben möchten, zeugt hingegen davon, dass Evaluation und Überprüfung des Unterrichts bis jetzt nicht ausreichend genutzt wird und nicht Bestandteil des Berufsalltags ist. Der Umgang mit Evaluation und Rückmeldung, auch mit negativen Feedbacks, ist Teil einer Kultur, die mancherorts erst noch eingeführt werden muss.

<u>Voneinander lernen</u>
Die Analyse von Best Practice kann sich in zweifacher Weise für die eigene Unterrichtsgestaltung positiv auswirken. Zum einen löst das gemeinsame Nachdenken über die eigene Unterrichtspraxis für alle Beteiligten einen Lernprozess aus. Zum andern kann das Produkt, nämlich die Beschreibung

erfolgreicher Unterrichtspraxis, unabhängig von der Teilnahme an der Analyse von Best Practice anregend wirken und zum Überdenken des eigenen Unterrichts genutzt werden. Die Attraktivität des Produkts ergibt sich aus der Nähe zum Unterricht und der Authentizität der Aussagen. Wenn andere Lehrpersonen zu einem Unterrichtsthema gegensätzliche oder neue Perspektiven aufzeigen, wird der eigene Horizont erweitert.

«Es ist gut, wenn Lehrpersonen ihr Tun und Arbeiten hinterfragen. Man lernt durch die Aussagen anderer hinzu. Durch das Lesen der Antworten anderer habe ich gemerkt, dass ich nicht allein dastehe.»

Gelernt wird aber nicht nur mit Hilfe der Stellungnahmen anderer, sondern auch durch den eigenen Beitrag. Indem Gedanken, Überzeugungen, Vorstellungen oder Standpunkte schriftlich festgehalten werden, wird das meist unbewusste Wissen über Unterricht explizit und verfügbar. Die eigenen Ressourcen werden aktiviert, was sich auf die Unterrichtspraxis auswirken kann.

«Durch Überlegen kommt man oft auch selber auf Ideen, was man ändern könnte. Best Practice war auch oft Anregung zum Ausprobieren.»

Das Wissensrepertoire der Lehrpersonen über guten Unterricht ist gross. Mit mehr Autonomie und Schulleitungen, die auch für die Qualitätssicherung zuständig sind, haben es die Schulen heute in der Hand, das Wissen der Lehrpersonen besser zu nutzen. Lehrpersonen sind nicht mehr Einzelkämpfer, sondern Mitglieder eines Teams. Eine Öffnung sollte aber nicht nur innerhalb der Schule stattfinden:

«Lehrpersonen können voneinander lernen. Es ist aber auch wichtig, dass wir einen Schritt aus der geschützten Werkstatt hinaus in die Welt machen, die rund

um die Schulhäuser stattfindet. Die Gefahr ist gross, dies nicht zu tun, wenn man selbst lange zur Schule gegangen ist und dann nur noch unterrichtet.»

Im Schulalltag lässt sich der Austausch über guten Unterricht steuern, indem man sich jene Kolleginnen und Kollegen sucht, die einem sympathisch sind und deren Meinung man schätzt. Weil die 15 Lehrpersonen aufgrund der Klassenergebnisse bestimmt wurden, waren sie gezwungen, sich mit Personen auseinander zu setzen, deren Ansichten und Auffassungen sie nicht kannten.

«Diskutieren bringt viel, aber man sucht sich auch Diskussionspartner aus, von denen man weiss, dass ihr Lehrstil mit dem eigenen einigermassen übereinstimmt.»

Diskussionen über Schule und Unterricht finden häufig im Schulhausteam oder bei schulinternen Evaluationen statt. Das Schulhausteam kann Lehrpersonen unterstützen, wird zum Teil sogar mit als Grund für guten Unterricht und gute Leistungen angeben. Im Sinne einer Ergänzung der schulinternen Diskussion über Unterricht wird allerdings auch der Kontakt zu aussen stehenden Fachpersonen geschätzt.

«Best Practice hat eine sachliche Diskussion ermöglicht. Das habe ich sehr geschätzt. Alle anderen Geschichten, die automatisch bei Diskussionen mit Lehrpersonen sonst noch verbunden sind, waren hier nicht da. Ich habe es genossen, niemanden zu kennen. Es ist einfach anders, sich so weiterzubilden, als innerhalb eines Teams, wo man meint, sich zu kennen.»

Bis hin zur letzten Delphi-Runde kannten sich die Lehrerinnen und Lehrer nicht. Die Reflexion des eigenen Unterrichts mit Lehrpersonen, die sich zwar nicht kennen, sich aber in der gleichen Berufssituation befinden, verhalf zu einer sachlichen Diskussion.

Reflexion

Auch die Tatsache, dass die gleichen Themen immer wieder unter anderen Vorbedingungen, aber mit einem geschärften Blick diskutiert wurden, half die Diskussion zu versachlichen, obschon damit ein grosser Aufwand verbunden war.

«Best Practice bedeutete einen grossen Aufwand, aber weil man das Gleiche zwei- oder dreimal wieder durchdenken musste, führte das zum Kern.»

Die eingrenzenden Fragestellungen waren eine wichtige Hilfe, um über die Beschreibung des Unterrichts hinauszugehen und das Nachdenken über Unterricht auszulösen. Natürlich sind auch konkrete Hinweise wichtig, wie Unterricht erfolgreich gestaltet wird. Weit wichtiger als didaktische oder methodische Tipps ist aber, dass sich die Lehrpersonen mit spezifischen Unterrichtsthemen auseinander setzen, nachdenken, argumentieren, begründen.

«Die Diskussion unter Lehrpersonen findet immer wieder statt. Was mit Best Practice neu dazugekommen ist, sind die Stellungnahmen zu konkreten Punkten. Es wäre gut, wenn dies auch innerhalb der Schule gemacht würde. Dies gibt einfach mehr her, als wenn man einfach so diskutiert.»

Die verschiedenen Themen, die innerhalb der Delphi-Runden diskutiert wurden, haben ein grosses Spektrum: vom eigentlichen Lehr-Lern-Prozess im Unterricht über Merkmale der Klasse bis hin zu den Rahmenbedingungen. Die Vielschichtigkeit des Lehrerberufs ist damit zwar noch längst nicht abgedeckt. Mit der diskursiven Delphi-Methode wurden jedoch bei jedem Thema ganz verschiedene Facetten angesprochen, die auch für erfolgreiche Lehrpersonen eine Bereicherung darstellen.

07 / BEST PRACTICE: BILANZ

«Mir ist bewusst geworden, wie viele Faktoren für gute Leistungen eine Rolle spielen. Einige Faktoren waren mir bekannt, aber beim Ausfüllen der Fragebogen wurde mir bewusst, wie viel anderes noch mitspielt.»

«Durch Evaluieren, Schreiben und Reflektieren ist mir bewusst geworden, wie interessant mein Beruf ist. Best Practice hat Anregungen gegeben und motiviert.»

In den verschiedenen Diskussionsrunden mit 15 Lehrpersonen aus verschiedenen Schulen kam eine Fülle von Beiträgen über Unterricht zusammen, die bei den Lehrpersonen eine Horizonterweiterung ausgelöst haben. Als klarer Vorteil gegenüber klassischen Fort- und Weiterbildungsangeboten erwies sich dabei die Verbindung von Evaluation und Reflexion. Die Ausgangslage war für alle gleich. Grundlage der Diskussion über Unterricht war das Ergebnis der eigenen Klasse in einem Leistungstest. Den Lehrpersonen wurde durch die Diskussion vor Augen geführt, wie vielfältig der Unterrichtsalltag ist und was er alles zu bieten hat.

Erfolgreicher Unterricht nach Rezept?

Der Best-Practice-Ansatz führt zu einer anschaulichen und authentischen Grundlage für schulisches Qualitätsmanagement. Die Aussagen über erfolgreichen Unterricht stammen von Lehrpersonen, die nachweislich erfolgreich sind. Die Ergebnisse gewähren einen Einblick in das Wissen und Handeln jener Lehrpersonen, die mit ihren Schülerinnen und Schülern überdurchschnittlich gute Leistungen in Mathematik und Deutsch erreichen. Wer nun allerdings einen Ratgeber für guten Unterricht von Lehrpersonen erwartet hat, wird enttäuscht. Es werden keine Rezepte geboten, die sich bereits morgen im Unterricht einfach anwenden liessen. Die Analyse hat deutlich gemacht, dass erfolgreiche Lehrpersonen nicht nach Rezept handeln, sondern dass es ihnen gelingt, ihr Wissen situativ richtig einzusetzen.

Doch wie lassen sich die Ergebnisse überhaupt nutzen? Wovon könnten beispielsweise jene Lehrpersonen profitieren, deren Klassen in den Tests unterdurchschnittliche Leistungen erreichen? Ganz einfach: durch Offenheit und Reflexion. Offenheit auch gegenüber unerfreulichen Nachrichten und verantwortungsbewusstes Handeln im Dienste jedes einzelnen Kindes ist eine Haltung, die zu einer professionellen Berufsauffassung gehört. Die Erfahrungen der erfolgreichen Lehrpersonen während der Diskussion über guten Unterricht zeigen zudem, dass die Reflexion des Unterrichts die Augen öffnet und zum Nachdenken ebenso anregt wie zum Handeln.

Die Originalaussagen vermitteln Ausschnitte aus der Unterrichtspraxis, die zwar nicht einfach kopiert werden können. Sie haben aber als Orientierung für den eigenen Unterricht durchaus eine Bedeutung. Die Ursachen für die schlechten Leistungen müssten beim Vergleich mit der Beschreibung erfolgreichen Unterrichts eigentlich auffindbar sein, und dementsprechend könnten Anpassungen geleistet werden. Dabei können sämtliche Instrumente der Qualitätssteigerung hilfreich sein: sei es der Besuch von Fort- oder Weiterbildungsangeboten, der Austausch mit Lehrerinnen und Lehrern aus dem Schulhaus, Beratung durch Kolleginnen und Kollegen oder ganz einfach bewusst Massnahmen im Unterricht umsetzen und den Erfolg zu einem späteren Zeitpunkt überprüfen.

Die Beschreibung des erfolgreichen Unterrichts kann aber selbst dann hilfreich sein, wenn sie unabhängig von Ergebnissen in Leistungstests genutzt wird. Sie ist das Ergebnis dreier Delphi-Runden. Weshalb nicht in einer vierten Runde das Produkt erneut aus einer höheren Warte beurteilen und mit dem eigenen Unterricht in Zusammenhang bringen?

Die Wahl der Lehrmittel (14) [→ Seite 125]

«Der Sprachunterricht erfolgt bei mir hauptsächlich durch den Sachunterricht. Im Sachunterricht ist die Sprache Mittel zum Zweck. Hier wird gelesen und geschrieben, ohne dass die Kinder dies bewusst als Schreib- und Lesetraining wahrnehmen. Die Sprache ist das Werkzeug, um sich auszudrücken oder um Informationen zu sammeln.»

Florian von Bidder, 30 / Schulhaus Bettingen, Kanton Basel-Stadt

Die gute Lehrerin, der gute Lehrer

Die Analyse von Best Practice führte unweigerlich zu einem Bild der guten Lehrerin, des guten Lehrers. Ein erster Eindruck entstand, indem die Erklärungen für die Klassenergebnisse von erfolgreichen und weniger erfolgreichen Lehrpersonen verglichen wurden. Verblüffend oft begründeten die erfolgreichen Lehrpersonen die guten Leistungen in Mathematik und Deutsch mit Unterrichtskonzepten, die im Zuge neuer Lernkulturen kaum an erster Stelle stehen.[39] Die guten Leistungen wurden mit der vorhandenen Disziplin im Klassenzimmer erklärt. Üben wurde so häufig erwähnt, dass eine Renaissance der längst überholt geglaubten Paukerschule befürchtet werden musste.

Je länger die Diskussion über erfolgreichen Unterricht anhielt, desto mehr wurde dieser Eindruck korrigiert. Hier handelte es sich um Lehrpersonen, die sehr differenziert und mit meist klaren Vorstellungen über guten Unterricht diskutierten. In der Tat war es für die erfolgreichen Lehrpersonen keine Frage, dass die Lerninhalte eingehend gefestigt werden, dass kleinste Lernschritte immer wieder überprüft werden, dass der Unterricht in hochdeutscher Sprache erfolgt, dass klare Instruktionen und ein klarer Aufbau das A und O im Unterricht sind, dass Fertigkeiten und Automatismen eine Voraussetzung für höhere Verständnisleistungen sind, dass der Unterricht in ruhiger und respektvoller Atmosphäre stattfinden muss, dass Regeln das Zusammenleben erleichtern. Wahrlich keine Schlagwörter, die einem Werbeprospekt einer modernen Privatschule entstammen.

---

39 Neue Lernkulturen berufen sich auf eine konstruktivistische Sicht des Lernprozesses. Lernen wird als aktiver, konstruktiver, kumulativer und zielgerichteter Prozess verstanden. Lernen setzt eine aktive Verarbeitung von Informationen voraus. Wissen wird nicht passiv aufgenommen, sondern konstruiert. Dieser Prozess baut auf der Basis bereits vorhandener Wissensstrukturen auf und ist in diesem Sinne kumulativ. Der Erfolg des Lernens hängt davon ab, ob das Ziel, auf das hingearbeitet wird, bekannt ist, aber auch von den Situationen, in denen das Lernen stattfindet.
Dubs, R. (1995): Konstruktivismus: Einige Überlegungen aus der Sicht der Unterrichtsgestaltung. *Zeitschrift für Pädagogik, 41*, S. 889–903.

Spätestens in der zweiten Delphi-Runde wurde aber klar, dass diese eher traditionell und langweilig anmutenden Merkmale erfolgreichen Unterrichts nur eine Seite der Medaille darstellen. Sozusagen die Voraussetzung dafür, dass Kinder in die Lage versetzt werden, selbstständig und aktiv ihren Lehr-Lern-Prozess mitzugestalten. Die Schülerinnen und Schüler werden auf ihre anspruchsvolle Aufgabe in offenen Unterrichtssituationen sorgfältig vorbereitet. Disziplin und Klarheit gelten auch dann, wenn der Unterricht durch eine Werkstatt strukturiert wird. Die Kinder lernen, auch ihre Gefühle in hochdeutscher Sprache mitzuteilen. Selbstständigkeit, Eigenverantwortung, Lernen lernen, Kooperation sind Resultat dieser Bemühungen. Insgesamt zeichnet sich in den Beiträgen der Lehrerinnen und Lehrer eine Kombination ab von altbewährten Unterrichtsprinzipien, die manchmal despektierlich als «traditionell» verworfen werden, und neuer Lernkultur, die manchmal vorbehaltlos als einzig richtiger Weg überschätzt wird.

Erfolgreicher Unterricht ist mehr als die viel zitierte Variation der Unterrichtsmethoden. Die Lehrpersonen zeichnen sich eben gerade dadurch aus, dass sie gewisse Erkenntnisse der Lernpsychologie nicht an Unterrichtsmethoden oder Lernformen festbinden. Lernziele werden wenn immer möglich individuell ausgerichtet und vor allem regelmässig überprüft, auch wenn der Unterricht durch lehrerzentrierte Instruktion erfolgt. Offene Unterrichtsmethoden schliessen Strukturen nicht aus, sondern setzen sie voraus. Selbstständiges Lernen entbindet die Lehrpersonen nicht von der Instruktion, sondern verlangt klare Aufträge, Unterstützung und Kontrolle. Kooperatives Lernen findet nicht einfach dann statt, wenn Probleme zu zweit oder in Gruppen gelöst werden, sondern wenn die Kinder mit geschickten Aufgabenstellungen oder Anleitungen zur Kooperation hingeführt werden und eine Gewinn bringende Interaktion ausgelöst wird. Die erfolgreichen Lehrpersonen zeigen ein differenziertes Verständnis moderner Unterrichtskonzepte – sind gewissermassen Realisten, die nicht geneigt sind, pädagogischen Illusionen zu erliegen.

Realitätssinn ist das eine, Optimismus das andere. Erfolgreiche Lehrpersonen wissen, dass sie etwas bewirken können. In der Diskussion verschiedener Erklärungsansätze und Unterrichtskonzepte wird immer wieder das eigene Handeln thematisiert. Unterrichtsmethoden werden mit einer gewissen Distanz diskutiert, ebenso die Rahmenbedingungen. Gleich wie die Anwendung einer Methode nicht automatisch zum Lernerfolg führt, sind schwierige Rahmenbedingungen nicht a priori ein Hindernis für erfolgreichen Unterricht und dementsprechend gute Leistungen. Wichtig ist, wie Lehrpersonen damit umgehen, was sich kaum direkt erfragen oder beobachten lässt. Mit Hilfe der Delphi-Methode war es aber zumindest möglich, einer Eigenschaft erfolgreicher Lehrpersonen auf die Spur zu kommen: Sie verfügen über eine aktive, optimistische, zuversichtliche und von Selbstwirksamkeit getragene Berufsauffassung, die ihnen hilft, auch in schwierigen Lagen dezidiert positive Seiten zu sehen.

Fazit: Recht auf Bildung, Recht auf Qualität

Kein Zweifel: Die Anforderungen an die Lehrerinnen und Lehrer sind in den letzen Jahren stetig gestiegen, das Aufgabenfeld hat sich schleichend ausgeweitet. Obwohl die Ursachen bis heute noch nicht überzeugend geklärt sind, wird die Schule zudem immer wieder für die mangelnde Chancengleichheit des Bildungssystems verantwortlich gemacht. Lehrerinnen und Lehrer haben Defizite der familiären Erziehung zu kompensieren. Die Kinder sind durch präventive Massnahmen von Sucht und Gewalt abzuhalten. Nicht selten interpretieren Lehrerinnen und Lehrer ihren Beruf deshalb als eine vorwiegend sozialpädagogische Aufgabe, bei der die «ganzheitliche» Entwicklung der Schülerinnen und Schüler, die nicht durch Leistungsanforderungen von aussen gebremst werden darf, im Vordergrund steht. Das Berufsbild der Lehrerinnen und Lehrer ist diffus geworden.

Tatsächlich lässt sich in gewissen Kreisen eine Nachlässigkeit der Eltern gegenüber der Schule feststellen, der die erfolgreichen Lehrpersonen übrigens mit grossem Engagement entgegenwirken. Nicht aber etwa, weil sie sich verpflichtet fühlen, die Erziehungspflichten der Eltern zu übernehmen. Vielmehr ordnen sie ihr Handeln einem Ziel unter: dem guten Unterricht. Und der wirkt sich auf den Leistungsstand der Klasse und auf den Lernerfolg des einzelnen Kindes aus.

Dies mag zum Ende etwas simpel erscheinen. Welche Lehrperson möchte denn nicht gut unterrichten? Wer ist nicht bestrebt, dass die Kinder im Unterricht möglichst viel lernen und gute Leistungen erbringen? Sicher beantworten sämtliche Lehrerinnen und Lehrer diese Fragen mit Ja. Wie gut es ihnen gelingt, wissen jedoch die meisten nicht. Nur dass es nicht allen gleich gut gelingt, ist längst bekannt. Die Leistungsunterschiede zwischen Schulklassen sind sehr gross. Niemand scheint sich zurzeit daran zu stören, auch nicht die Eltern der Schülerinnen und Schüler. Statt lautstark staatliche Qualitätskontrolle zu fordern, ziehen es – zumindest gut betuchte – Eltern vor, den Wohnort sorgfältig auszuwählen und für allfällige Pannen Zusatzunterricht zu organisieren. Dass diese Strategie leicht fehlschlagen kann, zeigen nicht zuletzt die Ergebnisse der vorliegenden Studie. Gute Rahmenbedingungen alleine garantieren noch keine guten Schulleistungen der Kinder.

Während die schlechten Ränge im internationalen PISA-Vergleich das Interesse der Öffentlichkeit an der Qualität des Schweizer Bildungssystems in ungewohntem Ausmass geweckt haben, werden Informationen über grosse Leistungsunterschiede zwischen Schulklassen mehr oder weniger gleichgültig hingenommen. Glücklicherweise trifft dies für die Lehrpersonen nicht zu. Die Reaktionen der beteiligten Lehrerinnen und Lehrer sind eindeutig. Es fehlen Instrumente zur Überprüfung des Lernerfolgs. Denn eines ist unbestritten: Lehrpersonen können sich irren, wenn es um die Einschätzung des Leistungsstandes der eigenen Klasse geht.

Weniger klar ist, ob der Wunsch nach solchen Instrumenten auch dann vorhanden wäre, wenn ungenügende Leistungen der Schülerinnen und Schüler in irgendeiner Form Konsequenzen hätten. Nicht etwa, dass die Leistungen von Klassen oder Schulen wie in England in Form von Ranglisten offen gelegt werden sollten. Damit die Leistungsmessung als Teil des Qualitätsmanagements fruchtbar gemacht werden könnte, müssten aber zumindest die Ursachen schlechter Schulleistungen erforscht, Massnahmen zur Verbesserung eingeleitet und die Wirksamkeit der Massnahmen kontrolliert werden. Diese Bereitschaft muss von jeder Lehrperson erwartet werden können.

Sobald die Schulleistungen für das externe Qualitätsmanagement genutzt werden sollen, sinkt in der Regel das Interesse am Vergleich. Vorbehalte aus der Lehrerschaft werden hörbar und entsprechende Vorstösse mit verschiedenen, in der Zwischenzeit etwas abgedroschenen Argumenten bekämpft: Schulen verfolgen multiple Ziele, die bei Evaluationen gleichermassen berücksichtigt werden müssten; die Lernvoraussetzungen lassen sich nie zu hundert Prozent ausgleichen, weshalb faire Vergleiche ein Wunschtraum bleiben; Schulleistungstests führen zu schlechtem Unterricht, weil die Lehrpersonen ihren Unterricht an den Tests ausrichten; unerwünschte Nebenwirkungen wie Stress, schlechte Arbeitsatmosphäre und Angst nehmen als Folge von Leistungstests überhand; höhere Verstehensleistungen können über Leistungstests nicht erfasst werden, weshalb sie im Unterricht vernachlässigt werden.

Sicher findet sich bei allen Argumenten ein kleiner Funke Wahrheit. Es ist unbestritten, dass sich Qualitätssicherung nicht nur auf einfach messbare Leistungen beschränken darf. Im pädagogischen Bereich ist Leistung ohne Zweifel mehr als das, was gemessen werden kann. Dass auch nicht oder nur schlecht messbare Leistungen von Bedeutung sind, versteht sich von selbst. Auf die Messung des Messbaren zu verzichten, um das schwer Messbare zu schützen, wäre aber weder ein politisch noch pädagogisch kluges Vorgehen. Oder gibt es einen Grund, warum Lehrpersonen über einen grossen Leistungsrückstand ihrer Klasse in Mathematik und Deutsch nach den ersten drei Schuljahren nicht informiert sein müssten?

Jedes Kind hat in der Schweiz ein Recht auf Bildung, ein Recht auf einen ausreichenden Grundschulunterricht. Dieses Recht auf Bildung kann im Endeffekt nur dann im eigentlichen Sinn angewendet werden, wenn es an ein Recht auf Qualität gekoppelt ist. Recht auf Bildung heisst auch, dass der Schulerfolg nicht vom Unterricht erfolgloser Lehrpersonen vereitelt wird. Dieses Ziel ist kaum ohne besondere Anstrengungen zu erreichen. Der Unterricht muss deshalb wieder jene Stellung erhalten, die ihm gebührt – sowohl in der Praxis als auch in der bildungspolitischen Diskussion. Mit der Suche nach Best Practice geschieht dies automatisch: messen, vergleichen, analysieren, verbessern, kontrollieren. Die vorliegende Beschreibung von Best Practice liefert eine Grundlage zur Reflexion des eigenen Unterrichts, die bereits heute genutzt werden kann.

BEST-PRACTICE-LEHRERINNEN UND -LEHRER

Florian von Bidder, Schulhaus Bettingen BS
Kathrin von Bidder, Schulhaus Wasserstelzen, Riehen BS
Peter Bossard, Schulhaus Dorf, Gais AR
Deborah Etter, Schulhaus Mühlebach, Amriswil TG
Therese Freiermuth, Neues Obermattschulhaus, Möhlin AG
Julia Gulikhel, Schulhaus Busswil TG
Markus Hofer, Schulhaus Dorf, Oberehrendingen AG
Andi Honegger, Schulhaus Bühl, Nesslau SG
Heike Jirku-Kottmann, Schule Oberlunkhofen AG
Katy Kranz, Schulhaus Steingut, Schaffhausen SH
Michaela Raiber, Schulhaus Schachen, Jona SG
Katharina Roth, Primarschule, Wilchingen SH
Fritz Rudin, Primarschule Wasserstelzen, Riehen BS
Ursula Wetter, Schulhaus Hohberg, Schaffhausen SH
Eva Wohlgenannt, Schulhaus Schlatt, Widnau SG

BEST PRACTICE IN DER SCHULE

ZU DIESEM BUCH

Das Projekt Best Practice wurde in enger Zusammenarbeit mit dem Kompetenzzentrum für Bildungsevaluation und Leistungsmessung an der Universität Zürich (KBL) durchgeführt. Die wissenschaftliche Leitung lag bei Urs MOSER vom KBL, der zusammen mit seiner Mitarbeiterin Sarah TRESCH das vorliegende Buch verfasste. Florian KELLER und Marion BRÄNDLE, beide vom KBL, arbeiteten bei Datenerhebung und -auswertung mit bzw. unterstützten die organisatorischen Abläufe. Auf Seiten von AVENIR SUISSE war Christian AEBERLI für das gesamte Projekt verantwortlich.

Zur Interpretation der Ergebnisse wurde das Projektteam durch drei Unterrichtsexperten erweitert. Hans-Ulrich GRUNDER (Universität Tübingen), Andreas HELMKE (Universität Koblenz-Landau) und Peter SIEBER (Pädagogische Hochschule Zürich) kommentierten die Aussagen der Lehrpersonen aus ihrer wissenschaftlichen Perspektive.

Redaktionell betreut wurde der Buchtext von Eva WOODTLI WIGGENHAUSER und Wolfram MEISTER. Das Korrektorat besorgte Marianne SIEVERT. Layout, Grafik und Produktion lagen in den Händen von Yves WINISTOERFER und Susanne GMÜR. Die Fotos der besten Lehrerinnen und Lehrer stammen von Maurice HAAS aus Zürich. Von der Verlagsseite begleiteten Manfred BAUER und Renate FISCHER die Publikation.

Nicht durchführbar gewesen wäre die Studie ohne die Zustimmung und Unterstützung durch die Schulbehörden der sechs beteiligten Kantone, insbesondere die Regierungsräte Rainer HUBER (AG), Gebi BISCHOF (AR), Christoph EYMANN (BS), Ulrich STÖCKLING (SG), Heinz ALBICKER (SH) und Bernhard KOCH (TG). Zustande gekommen ist dieses Buch aber in erster Linie dank dem grossen Engagement und der tollen Mitarbeit der beteiligten 61 Lehrerinnen und Lehrer, die sich freiwillig für eine Teilnahme an «Best Practice in der Schule» gemeldet hatten – auch mit der Aussicht, nicht zu den Besten zu gehören.

NOTIZEN

BEST PRACTICE IN DER SCHULE

NOTIZEN

BEST PRACTICE IN DER SCHULE

NOTIZEN

BEST PRACTICE IN DER SCHULE